CYFRINACHAU

gan
Eluned Phillips

golygwyd gyda rhagymadrodd gan
Menna Elfyn

CLASURON HONNO

Cyhoeddwyd am y tro cyntaf gan Honno yn 2021
'Ailsa Craig', Heol y Cawl, Dinas Powys,
Bro Morgannwg, CF6 4AH

www.honno.co.uk

Ceir cofnod catalog o'r llyfr hwn yn y Llyfrgell Brydeinig

ISBN: 978-1-912905-41-6
e-lyfr ISBN: 978-1-912905-42-3

Cyhoeddwyd gyda chymorth ariannol Cyngor Llyfrau Cymru

Llun y clawr: Christine Kinsey, 'Cymod 1' (2009)
Dylunydd y clawr: Graham Preston
Argraffwyd yn y Deyrnas Unedig gan 4Edge

CYNNWYS

DIOLCHIADAU

I Ann Evans, nith Eluned Phillips am ei charedigrwydd a'i pharodrwydd i rannu holl ohebiaeth Eluned ynghyd â'r gweithiau yn ei heiddo sydd heb eu cyhoeddi o waith y llenor.

I Gareth Rowlands, cyfaill triw i Eluned ac un a fu'n gyfarwyddwr a chynhyrchydd sawl rhaglen amdani ynghyd â'r ddrama deledu a ddarlledwyd ar S4C, 'Rhith y Lloer'.

I Honno, am eu brwdfrydedd i gyhoeddi gwaith heb ei gyhoeddi o eiddo Eluned yn y gyfres 'Clasuron,' ac am eu parodrwydd i gyhoeddi'r fersiwn Saesneg o Fywgraffiad Eluned Phillips: *Absolute Optimist* gan Menna Elfyn, 2018.

Yn bennaf oll, i'm diweddar chwaer annwyl Siân Elfyn Jones (1943-2020) am deipio'r fersiwn a geir yn y gyfrol hon gan wneud hynny gydag afiaith wrth rannu gyda mi ei hedmygedd o waith Eluned Phillips. Trodd ein chwaeroliaeth yn aml yn anturiaeth wrth dwrio i fywyd y ferch ryfeddol hon. Fel merch sengl drwy ei hoes, deallodd fy chwaer i'r dim rai o'r anawsterau a wynebodd Eluned ac eto brwydrodd hithau fel 'optimist absoliwt' hyd y diwedd.

Cyflwynedig i'r genhedlaeth newydd o awduron o ferched fel na fydd mwyach ragfarn ynghylch eu rhagoriaeth a'u lle teilwng yn ein llenyddiaeth.

Menna Elfyn

RHAGYMADRODD

Menna Elfyn

Y mae cynnwys Eluned Phillips yng nghyfres Clasuron Gwasg Honno yn amserol dros ben. Gobeithir y bydd hyn yn dyrchafu ei statws fel bardd a Phrifardd ac yn diwallu diddordeb y gynulleidfa Gymraeg yn ei gwaith. Mae'r gair 'statws' bob amser yn air llwythog pan yw'n cyfeirio at sefyllfa'r ferch yn ein cymdeithas a hynny am ein bod yn ymwybodol o'r frwydr a fu ac y sydd, hwyrach, yn parhau i fod wrth geisio gwerthfawrogi a gwerthuso ei gweithiau llenyddol. Ymuna Eluned Phillips â'r nythaid o awduron o ferched a groniclwyd yn y gyfres hon. Hi yw'r mwyaf cyfoes ohonynt hyd yn hyn, gan mai ychydig dros ddegawd a aeth heibio ers ei marwolaeth yn 2009.

Anodd gwybod beth fyddai ymateb yr awdur ei hun i'r cyhoeddiad hwn o gofio iddi wadu'r gair 'ffeminydd', gan ddweud un tro, 'Dwy'n hidio grot am y ffys a'r ffwdan sy'n mynd mlân am statws gyfartal i ferched. Fues i eriod yn teimlo'n is-gyfartal'. Da iddi deimlo felly. Ond hwyrach na all awdur ragbenodi nodweddion ei gwaith heb i ddarllenwyr neu feirniaid hefyd ystyried o'r newydd y weledigaeth ynddo? Oni ddiystyriwyd disgleirdeb llawer bardd o ferch a'i chau allan o berthyn i brif ffrwd ein 'canon' drwy beidio â chael trafodaeth a gwerthfawrogiad llenyddol o'i gwaith? Wrth imi lunio hyn o ragymadrodd, bu dadl ynghylch y diffyg cerddi gan feirdd o ferched a welir ar restr astudiaethau Safon Uwch yn y Gymraeg. Dylid cofio mai yn gymharol ddiweddar y daeth bri a chydnabyddiaeth i waith Gwerful Mechain a hynny yn sgil ymdrech o'r newydd i gydnabod ei lle yn ein traddodiad barddol. Eisoes, cyhoeddodd y wasg hon weithiau awduron fel Jane Ellis ac Elen Egryn a daw beirniaid eraill maes o law i ddatgelu rhagoriaeth gweithiau llenyddol rhai megis Cranogwen neu Morfydd Eryri.

Ond nid cyfrol o waith a gyhoeddwyd eisoes yw hon ac mae hynny yn ei gwneud yn gyfrol gyffrous ac o'r pwys mwyaf. Ceir yma ddau o weithiau mewn dwy ran – nofel fer 'Cyfrinachau' a cherdd hir 'Corlannau' ar ffurf pryddest – a gadwyd ymysg papurau o eiddo'r bardd ynghyd â darnau eraill o'i gwaith heb eu cyhoeddi.[11] Daeth y gerdd 'Corlannau Bywyd: La Môme Piaf' yn ail i'w cherdd arobryn hi ei hun ar gyfer cystadleuaeth y Goron yn Eisteddfod Genedlaethol y Bala, 1967. Gellid nodi bod hynny ynddo'i hun yn dipyn o gamp. Am y rheswm hynny yn unig, haedda'r gerdd gael ei chyhoeddi yn ei chyfanrwydd yma, am y tro cyntaf.

Ond yr hyn a gyflwynir yn gyntaf yn y gyfrol yw'r nofel fer 'Cyfrinachau.' Teitl cellweirus yw ac mae cefnlen y nofel yn rhychwantu hanes Llydawyr wedi diwedd yr Ail Ryfel Byd a thynged ansicr rhai cenedlaetholwyr Llydewig yn sgil eu hymlyniad i oresgyniad Hitler a'i luoedd yn Ffrainc yn ystod llywodraeth Vichy. Yn gyfochrog â'r hanes gwleidyddol a chymdeithasol, ceir hanes carwriaethol merch o Gymru gydag un o'r cenedlaetholwyr hynny. Dyna'n fras brif thema'r

---

1   Papurau Eluned Phillips dan ofal Menna Elfyn ar ran y teulu.

nofel, a gwaith yr ystyriodd Eluned ei hun, yn ôl yr hyn a ddywedodd wrth ei chyfeillion, yn nofel hunangofiannol. Mae'r ffaith honno yn codi cwr y llen i raddau ar y nofel, ac eto, creodd gymeriadau ffuglennol i gyflwyno'r naratif. Cyfyd hyn benbleth i'r darllenydd. Pa ran sy'n greadigaeth y dychymyg a pha ran sy'n wir ac yn deillio o'i bywyd hi a'i chariad? Fodd bynnag, ni ellir gwadu nad oedd y cefndir hanesyddol yn un dilys os tymhestlog.

Ysgrifennodd Eluned yn agored am ei charwriaeth â'r Llydäwr o'r enw Per (er nid dyna'i enw go iawn), yn dilyn eu cyfarfyddiad ym Mharis yn ystod y tridegau a chyn cychwyn yr Ail Ryfel Byd. Dywedodd ei fod yn genedlaetholwr Llydewig a gwelwn yn ei hunangofiant *The Reluctant Redhead* iddi yn ddiweddarach eiriol dros rai o'r cenedlaetholwyr a garcharwyd wedi i'r rhyfel ddod i ben.[22] Y rheswm dros yr erledigaeth wedi'r rhyfel oedd y ffaith i nifer o'r cenedlaetholwyr arddel safbwyntiau asgell dde drwy gydweithredu gyda Hitler a'i luoedd yn dilyn eu goresgyniad o Ffrainc yn y tridegau. Ysbrydolwyd rhai o'r arweinwyr megis Olier Modrel a François Debeauvais gan wrthryfel Iwerddon gan gredu y byddai uniaethu gyda ffasgaeth Hitler a'r Natsïaid yn hyrwyddo eu hachos hwy fel Llydawyr gwrthwynebus i ormes gwladwriaeth Ffrainc. Credai'r uned o genedlaetholwyr *Bezen Perrot* nad cydweithredwyr bradwrus mohonynt wrth agosáu at ddulliau Hitler ond yn hytrach gwelent eu hunain fel llu o filwyr a fyddai'n gwrthsefyll grymoedd Ffrainc ac yn y pen draw yn ennill annibyniaeth drwy law Hitler. Fel y dywedodd Alan Heusaff, un o hyrwyddwyr yr achos hwnnw, eu gobaith oedd hyn: 'anhawster Ffrainc fydd cyfle Llydaw'.

2   Eluned Phillips, *The Reluctant Redhead* (Llandysul: Gwasg Gomer, 2007).

Wedi'r rhyfel, fodd bynnag, bu cosbi ac erlid llym ar y garfan a uniaethodd gyda Hitler gan orfodi llawer i ffoi i Gymru cyn ymfudo oddi yno i'r Iwerddon. Cawsant groeso yn yr Ynys Werdd gan wrthwynebwyr o'r un anian â hwy. Gwyddom i Eluned helpu'r achos drwy gynnig lloches i sawl un a ddaeth i Gymru er na wyddys, a hwyrach na wýddai hithau, beth oedd union ran rhai o'r ffoaduriaid yn y rhyfel neu'r gwrthryfel yno. Ai ffoaduriaid dieuog oeddynt wedi eu targedu am y ffaith syml eu bod yn Llydawyr ac yn siarad yr iaith Lydaweg fel a ddigwyddodd yn achos rhai Llydawyr neu a oedd yna yn eu mysg griw a oedd yn euog o gydweithio gyda'r Almaenwyr gan fradychu rhai o'u cyd-wladwyr a weithiodd i danseilio Hitler? Yn ei hunangofiant *The Reluctant Redhead* myn yr awdur fod ei chariad wedi ei gyhuddo ar gam ac mai ar sail ei adnabyddiaeth o un swyddog ac Almaenwr a oedd yng nghatrawd Hitler y cafodd ef ei arestio. Hwyrach yr erys yn gyfrinach a oedd hyn yn wir neu a oedd ei chariad tuag ato wedi ei ddarbwyllo ei fod yn ddieuog? 'Cyfrinach' arall yw'r hyn a ddigwyddodd wedi iddo ddianc i Gymru a'r Iwerddon cyn ymfudo a sefydlu ei gartref yn America. Mae tystiolaeth cyfeillion yn nodi i Eluned ymweld ag ef yn America pan oedd yn wael a hithau fel yntau ym mlynyddoedd olaf eu bywydau. Ceir rhagor o hanes y Llydäwr yn *Optimist Absoliwt: Cofiant Eluned Phillips* ac ambell sylw yno at hanes y Llydawyr a gafodd loches yng nghartref Eluned yn Glanawmor, Cenarth.[3]

Gellid dweud i fywyd Eluned ymdebygu i nofel, un swmpus oedd yn llawn lliwgarwch. Ceir haenau o ddirgeleddau y bu'n gyndyn i'w rhannu. 'Rwyf wedi arbenigo ar hyd y blynyddoedd

3   Menna Elfyn, *Optimist Absoliwt: Cofiant Eluned Phillips* (Llandysul: Gwasg Gomer, 2016).

ar gau drysau ar boenedigaethau...' meddai mewn un llythyr. [4]
[4]Pam 'Cyfrinachau' fel teitl? Er iddi roi copi o'r llawysgrif i
ambell gyfaill, bu'r rheiny'n driw i'w dymuniad i beidio â
rhannu'r cynnwys a geir ynddi. Ceir copi Saesneg, 'Secrets',
a luniwyd er mwyn ei chyfeillion di-Gymraeg yn America.[55]
Dwy nofel felly heb eu cyhoeddi ond wedi eu rhannu ymysg
ffrindiau dethol. Onid yw hynny'n creu ynom chwilfrydedd
anghyffredin? Pa gyfrinachau oedd hi am eu cadw o dan
gaead tybed? Pa ran o'r Eluned y Prifardd a bortreadir a
thybed pa ran sydd i Tegwen, y cymeriad ffuglennol yn yr
hanes? Cychwyn y nofel yn ei milltir sgwâr yng Nghenarth,
pentref yn ne Ceredigion lle ganwyd Eluned yn 1914, ac mae
rhai agweddau o'r bywyd cefn gwlad a ddisgrifir yn gydnaws
â'r hyn a ddywed am ei chymdogaeth, gyda'r stori'n datblygu
yn fwy dieithr wrth iddi ymestyn ac ymbellhau o glydwch ei
bro enedigol.

Fel llenor llawrydd, honnodd Eluned Phillips iddi
ysgrifennu ar gyfer Mills & Boon ar un adeg ond nid oes
yna dystiolaeth i hynny ddigwydd. Gan iddi nodi mai o
dan ffugenw y gwnaeth hyn, anodd yw pennu a oes sail i'w
haeriad. Hwyrach y byddai peth o gynnwys y nofel hon
wedi apelio at gynulleidfa felly. Ac eto, byddai elfennau eraill
yn groes i'r math o storïau a gyhoeddir ganddynt. Nid oes
tystiolaeth gennym nad 'Secrets', y nofel Saesneg, a luniodd
yn gyntaf gan iddi gydnabod mor rhwydd y deuai ysgrifennu
yn yr iaith honno iddi. Ond ceir peth wmbredd o ddisgleirdeb
arddull a dywediadau lliwgar yn y nofel (yn y ddwy iaith) i

4   Llythyr Eluned Phillips at Gareth Rowlands, 23ain
     o Dachwedd, 1988, ymysg ei phapurau.
5   Eluned Phillips, 'Secrets', ymysg ei phapurau heb ei gyhoeddi.

gadw diddordeb y darllenydd. Er hyn, cyfaddefodd ei hymdrech i ysgrifennu yn Gymraeg:

Rwyf innau nôl yng Nghymru, wedi fy nghyflyru gan addysg Lloegr i feddwl yn gyntaf yn Saesneg cyn trosi'r meddyliau hynny i'r Gymraeg a chan fod yr hen wlad wedi fy nenu yn llwyr, ei chael hi'n anos i lenydda'n Gymraeg oherwydd yr alltudiaeth gynnar hynny dros glawdd Offa.[6]

Ai dyna'r rheswm na wnaeth gyhoeddi rhagor na dwy gyfrol o'i gwaith ei hun yn ystod ei bywyd? Roedd y naill yn gyfrol denau o farddoniaeth, *Cerddi Glyn y Mêl*,[7] a ddaeth i fod yn bennaf drwy anogaeth rhai a oedd yn ddrwgdybus o'i gweithiau Eisteddfodol, a'r llall yr hunangofiant Saesneg, *The Reluctant Redhead*, a ysbrydolwyd gan gyfeillion ac edmygwyr ohoni yn America, a'i gyhoeddi a hithau yn negawd olaf ei hoes. Pam felly na chyflwynodd y nofel hon yn Gymraeg i wasg yng Nghymru? Ai ofni ymateb y beirniaid neu ai'r teimlad o israddoldeb a'i chadwodd heb ei chyhoeddi? Neu tybed ai un digwyddiad brawychus yn y nofel yw'r rheswm, digwyddiad a allai daflu golwg arall ar yr Eluned, neu'r Tegwen, benchwiban, hwyliog? Heb ddifetha'r nofel i'r darllenydd, digon yw dweud y cyflwynir portread newydd o'r prif gymeriad, a'r hyn a ddaeth i'w rhan fel benyw. O beidio â'i chyhoeddi yn ystod ei bywyd a oedd am guddio rhyw brofiad rhy boenus i'w rannu ond drwy ffuglen? Rhannodd gyffes gydag o leiaf un cyfaill am yr hyn a ddigwyddodd yn y nofel, profiad a effeithiodd arni weddill ei hoes. A'i chyfrinach fwyaf efallai?

6   Llythyr yr ysgrifennodd at Tecwyn Lloyd, Mawrth 1984, dyfynnwyd yn *Optimist Absoliwt*, tt. 197-8.

7   Eluned Phillips, *Cerddi Glyn-y-Mêl* (Llandysul: Gwasg Gomer, 1985).

Hwyrach y caiff Eluned Phillips ei chofio fel un o'r llenorion benywaidd mwyaf dirgelaidd a breswyliodd yng Nghymru. Ar y naill law, ymarweddai fel person allblyg, agos-atoch, cyfeillgar, ond ar y llaw arall, yn ôl ei chyfaddefiad ei hun, diogelai i'r eithaf ei phreifatrwydd. Sut mae cysoni'r hermetiaeth felly? Aeth i'w bedd heb ddatgelu rhai doluriau. Mae ei llythyrau personol at ambell gyfaill yn mynegi synwyrusrwydd nad oedd modd ei amgyffred yn ei chyfweliadau radio a theledu. Dylid cofio iddi gael ei magu mewn cyfnod pan nad oedd yn weddus i ferched rannu profiadau dwfn, personol â gweddill y ddynoliaeth. Rhyfedd yw dweud hynny gan y'i magwyd ar aelwyd o fenywod cadarn, rhai fel ei mam-gu a oedd yn medru herio trafferthion gan gynghori gwragedd yr ardal, rhai a ddioddefai o drais yn y cartref. Bu hefyd yn fydwraig i'r sipsiwn a ddeuai yn benodol i ardal Cenarth i eni eu plant.

Cafwyd thema debyg i 'Cyfrinachau' mewn drama a ddarlledwyd ar gyfer S4C yn 1989, sef 'Rhith y Lloer' a sgriptiwyd gan y dramodydd enwog Ewart Alexander a'i chyfarwyddo gan Gareth Rowlands. Sail y ddrama deledu honno yw anturiaethau Eluned a chyfrannodd hithau yn helaeth i'r ymchwil. Annie oedd enw arwres y ffilm honno a'r prif gymeriad fwy neu lai yn seiliedig ar y Prifardd ei hun. Disgrifiodd Alexander yr hanes mewn erthygl yn y *Western Mail* ar Fawrth y cyntaf, 1989, y dyddiad y darlledwyd y ddrama ar S4C, gan ddweud, 'it's about this girl who got herself into one hell of a mess'. Ac ychwanegodd, 'it tells how politics of a marginal kind became mixed up with love of the universal type'.[8] Hwyrach i'r frawddeg honno grynhoi'r gwewyr y cafodd

8   Ewart Alexander, 'The Girl who got herself into Ruffled
    Water', *Western Mail*, Mawrth 1af, 1989.

Eluned ei hun ynddo rhwng gwleidyddiaeth gymysg y cyfnod a'r cariad rhamantaidd. Ai suro a wnaeth tuag at Per ac mai dyna'r rheswm pam na wnaethant ail gynnau'r fflam wedi'r rhyfel neu ai ysbryd penrhydd afieithus Eluned a fynnodd ymryddhau o afael y berthynas chwerwfelys?

* * * *

Ond yn bennaf, fel Prifardd y cofir am Eluned Phillips gan mai hi yw'r unig ferch i ennill dwy Goron yn yr Eisteddfod Genedlaethol yn ystod yr ugeinfed ganrif. Pryddest ar y testun 'Corlannau' a ddaeth yn fuddugol yn Eisteddfod Genedlaethol y Bala yn 1967 yw'r Goron gyntaf a enillodd. Cerdd yn olrhain tair corlan o grefyddau oedd hi. Daeth fel bardd a Phrifardd i sylw'r genedl yr haf hwnnw. Cafodd fri ysbeidiol ac yna anfri lled arhosol. Digon yw nodi iddi fod yn destun llu o furmuron annymunol, mân siarad, 'clonc y cae' ei chwedl hithau, ynghylch awduraeth y gerdd arobryn yn y Bala. Gan ei bod yn gerdd a ddibynnai ar wybodaeth o grefyddau – Bwdaeth, Cristnogaeth a chrefydd Islam – amlhaodd y suon ynghylch cred rhai hysbys ac anhysbys na allai fod wedi cyfansoddi'r fath gerdd aruchel. Ni wyddent bryd hynny am ei hoffter o deithio ac iddi dreulio cyfnod ym Moroco gan gyfarfod â rhai o'r ffydd Moslemaidd. Roedd ganddi gopi o'r Corân ac amlygwyd rhai delweddau o'r Llyfr hwnnw yn y bryddest arobryn. Onid gweithred feiddgar oedd mynd i faes mor ddieithr i feddylfryd barddoniaeth Cymru y chwedegau, a hynny ddegawdau cyn i'r cyfryngau torfol dreiddio'n fyd-eang i bob maes diwylliannol?

Yn sgil y siarad ym mrig y morwydd, ciliodd i raddau o'r byd barddol ddiwedd y chwedegau, er llunio rhai rhaglenni dogfennol ac ymweld â chymdeithasau llenyddol o bryd i'w gilydd. Ni chafodd erioed feirniadu'r Goron y bu iddi ei hennill ddwywaith ond cafodd dywys enillwyr buddugol eraill o'u seddau i'r llwyfan a chyfarchodd ambell Brifardd newydd yn ei thro. Ond bardd o ferch unigryw ydoedd yn ceisio mynediad i'r traddodiad barddol a oedd yn amheus o ferch (a merched) yn barddoni. Onid llwybr tebyg a wynebodd y Prifardd Dilys Cadwaladr ddegawd cyn hynny?

Yr hyn sy'n hynod amdani fel bardd yw iddi ddod yn ail hefyd iddi hi ei hun gyda'r gerdd 'Corlannau Bywyd: La Môme Piaf' yn Eisteddfod y Bala yn 1967. Pryddest yw sy'n olrhain hanes bywyd Edith Piaf. Hwyrach i'r gerdd honno ddisgwyl i'r beirniaid ddeall rywfaint o yrfa fras y gantores o Ffrainc. O dan y teitl gosodedig 'Corlannau', portreadwyd hi fel 'dafad golledig' gan ddarlunio ei bywyd a'r sawl trasiedi a ddaeth i'w rhan. Ond mewn un feirniadaeth yn y *Cyfansoddiadau*, cyfeiriwyd ati fel Edith *Piaff.* Ni wn ai gwall teipio ydoedd neu a oedd yn awgrym o ansicrwydd am y gantores o Ffrainc hyd yn oed os oedd y beirniad dan sylw wedi clywed ei llais unigryw mewn ambell gân enwog o'i heiddo. Portreadwyd hi fel 'dafad golledig' ymysg corlannau tra gwahanol i'r defaid oedd ar fryniau Cymru. Darluniwyd gerwinder ei bywyd, ei cholledion ym myd cariadon a'r golled erchyll o farwolaeth ei merch, yn dyner a chignoeth ym mhryddest Eluned. A than ddiwedd ei hoes, cyfeiriodd ati fel eicon, fel herlodes ac fel cyfaill ac er iddi fethu â bod yn bresennol yn ei hangladd, bob tro yr âi i Baris, byddai'n cynnau cannwyll ac yn adrodd penillion syml uwch ei bedd:

Oet rosyn yng ngwae'r hirlwm yn gwywo
er ein diod-offrwm,
cyn i'r Angau direswm
dy fwndelu i'r pridd llwm.

Eto, yr wyt yn aros, – â'th bêr lais
yn sirioli'r hirnos.
Uwch drycin mae llais eos
yn llawenychu fy nos. ('Trioled yr "Oet" ')[9]

Yn y *Cyfansoddiadau* yn 1967, canmolodd Alun Llywelyn
Williams awdur y bryddest am Edith Piaf a gyflwynwyd o
dan y ffug-enw *Dans la Peau*. Synhwyrodd, yn gywir fel mae'n
digwydd, mai'r un bardd oedd awdur y bryddest arobryn
hefyd, er y gwahanol ffug-enwau. Estynnodd ei groeso 'i ddau
fardd galluog sydd er mor wahanol ydynt i'w gilydd yn canu,
y naill fel y llall yn eu priod arddull gydag argyhoeddiad ac
awdurdod.'[10] Meddai wedyn am y bryddest am Piaf ei bod
'hyd yn oed ar y darlleniad cyntaf yn cyffroi ymateb iasol
i'w hawyrgylch', a chanmolodd ei delweddau cyfoethog a
threiddgarwch ei hiaith.

Dywedodd yr un beirniad fod darllen y gerdd am Piaf a'r
gerdd am gorlannau crefyddol, a gyflwynwyd dan y ffug-enw
Glyn y Mêl, 'fel darllen T. S. Eliot am y tro cyntaf'. Mynnodd
fod 'La Môme Piaf' yn ennill ei lle ac ar yr un pryd yn creu ar
gyfer ei chynulleidfa 'gorlan o gysur a dedwyddyd'. Ategodd

9   Eluned Phillips, 'Trioled yr "Oet" (Wrth fynd heibio)', yn Menna
    Elfyn, gol., *Hel Dail Gwyrdd* (Llandysul: Gwasg Gomer, 1985), t. 50.
10 *Cyfansoddiadau Eisteddfod Genedlaethol y Bala*, beirniadaeth
    Alun Llywelyn Williams t. 47-52

y ddau feirniad arall ei bod hi'n gerdd ryfeddol. Cytunodd yr Athro John Gwilym Jones i'r gerdd am Edith Piaf ddod yn agos i'r brig, er iddo anghytuno â'r ddau feirniad arall am y bryddest am grefyddau a enillodd y Goron iddi'r flwyddyn honno.[11]

Y rhyfeddod yw na chyhoeddodd y bryddest am Piaf yn ystod ei bywyd. Gallai hynny fod wedi cyfoethogi'r gyfrol fechan, denau a gyhoeddwyd yn 1985 gan Wasg Gomer. Gallai hefyd fod wedi lleddfu yr amheuwyr o'i darllen a'i gwerthfawrogi.

Hwyrach iddi gredu nad oedd y gerdd yn deilwng o'r arwres? Neu hwyrach i 'Clymau', y bryddest a enillodd iddi ei hail Goron yn Eisteddfod Genedlaethol Môn yn 1983, ddiwallu ei hawydd i'w chyhoeddi. Enillodd y bryddest honno ganmoliaeth arbennig gan y beirniaid cyn i anfri unwaith eto ddod i'w rhan gyda'r cyhuddiadau di-sail am ei dilysrwydd fel bardd. Yn y gerdd ymsonol ddramatig honno darluniodd alltudiaeth y Cymry i Batagonia a helyntion y Mimosa, ynghlwm â ffolineb Prydain yn yr 1980au yn cychwyn rhyfel seithug yn erbyn yr Ariannin, sef Rhyfel y Malvinas. Cafodd y gerdd dderbyniad ysgubol er gwaethaf yr amheuon a barhaodd gan ddrwgfeddylwyr wedi'r Eisteddfod honno. A chanmolwyd hi i'r eithaf gan yr union feirniad, yr Athro John Gwilym Jones, a oedd yn gyndyn i goroni Eluned yn Eisteddfod y Bala, 1967, am 'Corlannau', y bryddest am grefyddau.

O ddarllen y gerdd am Piaf a gyhoeddir yma, gwelwn yr un cyffroadau barddol: y delweddau trawiadol, darluniadol, gydag afiaith a dwyster yn gynnil effeithiol. Unigrwydd y daith drwy fywyd a'r frwydr fel merch a geir ynddi. Mynegir

11 Ibid., t. 45

yma frwydro parhaus yn erbyn elfennau atgas a'r 'cariad rhemp'. Ceir ymrafael â grymoedd bywyd gyda chnawdoldeb ynghlwm wrth anian sy'n ysbrydol. Mae'n orchestol o gyfoethog. A allai bardd o ddyn fod wedi ysgrifennu cerdd fel hon neu a oedd profiad bywyd Eluned yn cydweddu gydag un Edith Piaf? Dwy E. P. Dwy debyg. Dwy â chân yn eu calonnau yn asio gyda'r awydd a'r angerdd i'w rhannu. Dwy wedi ei geni ganrif cyn i unrhyw fudiad #*metoo* godi'n storm.

Nid yw'n syndod i bryddestau Eluned fod yn rhai sydd mor ddyrchafol o ddramatig. Llwyddodd i feithrin ei dawn fel dramodydd wrth weithio ar gyfresi radio, fel aelod o dîm dawnus: D. Jacob Davies, Ifor Rees a hithau. Roedd yn awdur rhaglenni dogfennol a dramâu a cheir rhestr o'i llyfryddiaeth yn y cofiant *Optimist Absoliwt*. Cynorthwyodd glerc y llys yng Nghastellnewydd Emlyn adeg y rhyfel, gan ysgrifennu adroddiadau am y gwahanol achosion, ac ysgrifennodd nifer o libretti ar gyfer cyfansoddwr o'r Amerig oedd o dras Gymreig, sef Michael J. Lewis. Ymysg ei phapurau gadawodd libretti, oratorio ar hanes Dewi Sant, drama gerdd yn Saesneg am hanes y cymeriad hanesyddol Nest, a drama flaengar, 'Robot'. Deallai gyweiriau y gwahanol lenddulliau, sythwelediadau storïol, a'r ffordd i ddatblygu cymeriadau credadwy, gyda gwrthdaro a thensiwn iasol.

Dylid pwysleisio felly mai dim ond dau o weithiau Eluned Phillips yn unig a gyhoeddir yma a bod rhychwant ei dawn yn lletach ac yn gyfoethocach na'r hyn a gyhoeddir yn y Clasur hwn. Annigonol hefyd yw'r unig lyfr sydd gennym ohoni'n adrodd hanesion ei bywyd. Llyfr difyr ond ffwrdd-â-hi yw ei hunangofiant *The Reluctant Redhead* a'r argraff a geir o'i ddarllen yw iddi groniclo, gyda chymorth cyfaill o America, rai hanesion ysgafn a thrwstan gan fwyaf.

A dyna yw dagrau pethau. Trist yw nodi na chafwyd yr un ysgrif na dadansoddiad beirniadol o'i gwaith gan yr un llenor yn ystod ei hoes. Yr hyn sy'n fwy arwyddocaol yw iddi lwyddo ei hun i gyhoeddi cofiant er cof am ei harwr llenyddol Dewi Emrys a hynny wedi iddo ei chymell ac i hithau addo iddo y byddai'n gwneud.[12] Ysgrifennodd at ei gyfoeswyr, yn llenorion a beirdd, gan gywain y gwaith ynghyd i gyhoeddi cyfrol deyrnged iddo. Onid yw hyn yn rhyfeddol o eironig? Bron nad oedd yna ddisgwyliad y byddai bardd neu lenor o fri yn cael cyfrol i gloriannu ei gyfraniad i'r byd llenyddol fel coffadwriaeth ohono. Ond am gyfraniad bardd o ferch fel Eluned, bu'n rhaid iddi ei hun gyda chymorth cyfaill di-Gymraeg o America groniclo yn Saesneg rai agweddau am ei bywyd a'i gwaith.

Hwyrach nad oedd Eluned wedi'r cyfan yn ddigon o 'ffeminydd' i ddeall y ffordd 'is-gyfartal' a osodwyd ar artist o ferch. Ni welodd ychwaith mor bwysig oedd hi i gael ei hystyried fel 'eicon' yn nhraddodiad barddoniaeth gan ferched. Dyna pam y mae Clasuron Honno yn holl bwysig i droi cil y llygad a rhythu o'r newydd mewn rhyfeddod ar fardd fel Eluned Phillips gan ymwrthod â'i safle darostyngedig. Mewn cromfachau o dan y teitl 'La Môme Piaf' gosodwyd y geiriau 'Corlannau Bywyd'. Corlannu gwaith Eluned rhwng dau glawr a wneir yn y fan hon gan roi lloches iddi ym maes barddoniaeth Gymraeg. Efallai yr haedda fwy na hynny ond mae'r gyfrol hon yn gam pellach eto at ddyrchafu 'statws' y Prifardd o Genarth, ac yn dwyn o'r glyn, i'r oesoedd a ddêl, fêl sy'n melysu'r galon a'r meddwl.

---

12 Eluned Phillips, *Cofiant Dewi Emrys* (Llandysul: Gwasg Gomer, 1971).

CYFRINACHAU

PENNOD 1

Safai Tegwen Rhys ar ei thraed ynghanol y dyrfa yng nghwt y neuadd. Yr oedd y lle yn orlawn, fel arfer ar noson gyngerdd y 'Croeso Adre' i'r bechgyn a'r merched oedd yn y lluoedd arfog yn ymladd dros eu gwlad. Heno, Dic Berllan Dawel oedd yn cael ei anrhydeddu gan ei bentrefwyr. Dic Swil, a arferai ffoi am ei fywyd y tu cefn i lwyni helyg, neu dyfiant afradlon o redyn, yn hytrach na chael sgwrs â merch, ond heno yn herio llygaid pob merch ifanc. Cwlffyn o ramant yn iwnifform y Gatrawd Gymreig. Rhyfedd effaith y rhyfel, meddyliai Tegwen; ni fyddai bywyd fyth yr un fath eto.

Bu'n gyngerdd dda, pawb yn barod fel arfer i gynnig ei dalent, fawr a bach. Artistiaid yn tynnu o bobman, chware teg, ac wrth gwrs, y regulars. Benji a Jac oedd wrthi nawr yn bowlio allan y 'Gendarmes', ac yn tynnu'r to i lawr â'u hegni.

Rhoddodd Tegwen ochenaid; byddai'r ddeuawd bob tro yn dod â Yann yn fyw o flaen ei llygaid. Y dyddiau dedwydd ym Mharis cyn i Hitler gynhyrfu'r byd. Dim cysgod o gwmwl ar orwel eu llawenydd.

Yr oedd hon yn rhyfel tu hwnt o greulon. Yn enwedig i'w theulu hi ym Mryn Awelon. Ei mam yn weddw ers blynyddoedd, wedi gorfod ffermio ar ei phen ei hun a dwyn ei brawd Alun a hithau i fyny – efeilliaid – a'r ddau ohonynt ag ysbryd anturus. Awyrennau oedd pethau Alun ers yn ifanc iawn, a phan dorrodd y rhyfel allan mynnodd ymuno â'r Llu Awyr er ei fod yn ddiogel ar y fferm. Ac yna'r trychineb ofnadwy o gael ei saethu i lawr uwchben yr Almaen. Rhaid bod colli Alun wedi bod yn ergyd galed i'w mam. Roedd Tegwen yn falch ei bod hi nôl yma nawr i ofalu am y ffermio yn lle ei brawd. Fel Alun yr oedd Tegwen wedi ysu am ledu ei hadenydd. A chwarae teg i'w mam, nid oedd wedi ceisio ei darbwyllo rhag mynd i weld ychydig ar y byd ar ôl gadael coleg. Yr antur gyntaf oedd mynd i Baris yn 'au pair' at Madame Galbrun. Antur a liwiodd ei bywyd yn sicr. Yn nhŷ Madame Galbrun cwrddodd Tegwen â'i dyfodol. Yr oedd Madame yn enwog am ei phartïon, ac yn un o'r rheiny y ffrwydrodd y fflach drydanol rhyngddi a'r bachgen tal, tywyll a eisteddai yn y gornel yn anwesu ei glarinét, ac yn hanner mwmial wrtho'i hun:

"Ar lan y môr mae rhosys cochion

Ar lan y môr mae lilis gwynion..."

Fedrai Tegwen ddim llai nag ymuno:

"Ar lan y môr mae nghariad inne

Yn cysgu'r nos a chodi'r bore."

Ac o'r noson honno bu Tegwen a Yann fel dau gysgod, neu fel y dywedai Madame Galbrun, 'deux pois dans le cosse' a Yann wedi cael modd i dynnu coes yn dragwyddol am y 'ddwy bysen yn y goden'.

Daeth meddyliau Tegwen yn ôl am eiliad i'r gyngerdd wrth i lais herfeiddiol Madam Thomas forio o'r llwyfan nes crynu coban y lamp drydan,

"Os nad yw hi'n fawr mae hi'n ddigon,

i lenwi, i lenwi fy nghalon..."

Ie, Cymru fach.

Dyna un o'r rhesymau am fod Yann a hithau mor ddwfn mewn cariad. Yr oedd yntau, fel Tegwen yn genedlaetholwr selog, ac yn barod i herio'r byd rhag rhoi i fyny ei ddaliadau.

Roedd pawb yn y neuadd erbyn hyn yn chwerthin yn iachus wrth wrando ar ffraethineb M.S. yr adroddwr digri – pawb ond Tegwen. Byddai hithau yn dotio ar ei hiwmor fel arfer, ond heno, ni fedrai feddwl am neb ond Yann. Ble'r oedd? Beth oedd e'n wneud? Fel newyddiadurwr, a oedd mewn mwy o berygl na'r milwyr, hwyrach? Yr oedd y newyddion yn ddrwg. Yr Almaenwyr yn mynd yn wallgo, ac yn bomio pawb a phopeth am fod y Cynghreiriaid erbyn hyn yn taro nôl ac yn adennill tir: adeiladau hanesyddol Llundain yn fynyddoedd o rwbel; a chanol tref Abertawe fel pe bai peiriant nithio wedi gyrru trwyddo, a nifer o bobl wedi eu lladd ar hyd a lled dinasoedd y wlad. Ac yna, nos Wener ddiwethaf, awyren yn disgyn yn belen o dân i'r Cwar Melyn, lled cae o Fryn Awelon. Pedwar wedi eu lladd, a dau wedi eu hachub. Awyren Brydeinig mae'n wir, ar ei ffordd yn ôl o fomio canolfannau'r gelyn. Yr oedd Tegwen wedi siarad yn hir â'r ddau ddaeth allan yn fyw, cyn i'r awdurdodau eu cipio i ffwrdd. Ac yr oedd y balchder yn eu lleisiau, am iddynt lwyddo i arllwys eu bomiau ar y targedau cyn troi nôl, yn dal yn ei chlustiau, a chodi ofnau yn ei chalon. Yr oedd Yann ar y tir a fomiwyd yn rhywle. Paris ... Rennes? O Dduw, gobeithio ei fod yn ddiogel. Gwyddai Tegwen yn iawn ei bod hi a Yann wedi cytuno y byddai'n rhy beryglus iddynt gysylltu â'i gilydd, ac mai wedi i'r ymladd beidio y byddai'r ddau yn dod wyneb yn wyneb. Ond mi fyddai'n braf i gael gwybod ei fod yn saff. Yr oedd yn genedlaetholwr mor selog, a'i holl enaid am gael Llydaw rydd. A fyddai'r llywodraeth yn ei gosbi am ei fod o blaid

'Breiz Atao', neu yn aelod o 'Bluen Brug' ers 1933, mudiadau a oedd am hunanlywodraeth i Lydaw, ac wedi ymdynghedu i fod yn niwtral yn y sgarmes rhwng Ffrainc a'r Almaen? Yr oedd Tegwen yn deall cymhellion Yann, ac yn ei edmygu a'i garu am ei safiad. Cymraes oedd hithau, nid Saesnes.

Rhoddodd Barri Tŷ Canol brociad yn ei hasen.

"Gad dy freuddwydion, Teg. Ma' Meri Jên wedi bod yn trio dal dy sylw ers oes Moses."

Sylweddolodd Tegwen fod y gyngerdd yn tynnu at ei therfyn a bod Twm Sadler wrthi yn cynnig y diolchiadau; pinacl ei gyfraniad i bob cwrdd 'Croeso Adre'.

"*... and for you who are strangers, a very large Thank You*, am bob help a gwresogrwydd y croeso i'r crwtyn bach Dic, sy'n sefyll rhyngom ni a'r llabwst Hitler 'na. *God Save the King*."

Daeth sŵn trwsgl awyren yn hedfan yn isel i foddi y rhan olaf o'i ymdrech. Teimlodd Tegwen holl erchyllterau'r rhyfel yn disgyn ar ei phen ac aeth allan yn wyllt trwy'r drws. Cymrodd Meri Jên gam i'w rhwystro, cyn ailfeddwl, a throi at Harriet:

"Wedi blino, siwr o fod. Roedd hi'n edrych ar goll drwy'r nos. Dere, fe shifftwn i neud y te hebddi am unwaith, os bosib."

Roedd Roy Pwll Du, cymydog Tegwen, wedi ei gweld yn rhuthro allan. Aeth ar ei hôl. Roedd Tegwen wedi gafael yn ei beic y tu ôl i'r neuadd. Safodd Roy yn ei llwybr.

"Wyt ti ddim am aros i'r te heno 'te, Tegwen?"

"Na, ddim heno, Roy."

"Dere 'te." Cydiodd yng nghyrn y beic. "Mi gerdda i adre 'da ti."

"Sdim rhaid, Roy. Aros di i'r te."

"Mi gerdda i adre 'da ti. Cerdded fydd yn rhaid i ti 'ta p'un lan y rhiw."

"Wel, ie. Ac mi fydd cwmni yn y tywyllwch yn neis."

"Ac fe all awyren gwympo ar dy ben."

"Paid â chellwair, Roy. Ddim ar ôl nos Wener a'r pedwar yn cael eu lladd yn Cwar Melyn."

"Lwc eu bod nhw wedi gwagio'u bomiau dros Ffrainc yn gynta."

Rhoddodd Tegwen ebychiad o boen. Ond nid oedd Roy yn sensitif nac yn dosturiol. Ychwanegodd yn ffibslyd,

"Sori. Wedi anghofio am dy fforiner di."

"Llydäwr, Roy."

"Be 'dy'r ots. Mae Llydaw a Ffrainc erbyn hyn yn slecht, wedwn i. Y peth gore i ti neud yw anghofio. Ma' 'na dros dair blynedd o leia ers i ti ei weld."

"Fe ddaw'r rhyfel i ben, Roy. Ac mi fydd Yann a minne nôl gyda'n gilydd. Ma' 'na un dywediad Saesneg o leia sy'n werth ei nodi: *'absence makes the heart grow fonder'*."

"Paradwys ffŵl, Tegwen. Ma' pawb yn gwybod am y Ffrancod. Fyddan nhw ddim hanner blwyddyn heb fenyw."

"Llydäwr yw Yann, nid Ffrancwr. Ma' na wahaniaeth. A ta p'un, dyw e ddim busnes i ti."

"O odi, mae e." Roedd caledwch yn y llais. "Ti'n gwybod fod 'na ddealltwriaeth rhwng ein teuluoedd i uno'r ddwy fferm..."

"Rhwng y teuluoedd, Roy."

"Na, Tegwen. Rhyngom ni'n dau. Rwyt ti'n gwybod sut rwy'n teimlo."

"Ryn ni wedi trafod hyn ganwaith o'r bla'n." Roedd Tegwen wedi colli ei hamynedd yn llwyr. "Dere â'r beic i fi. Well gen i gerdded trwy'r tywyllwch ar fy mhen fy hun, na gwrando ar record â chrac ynddi."

"Roedd popeth yn iawn cyn i ti fynd i Baris a chwrdd â'r

Shoni Winwns 'na."

"Wel, brysied y dydd, weda i, pan fydd y Shonis yn rhydd i ddod draw 'to. A pheth arall..."

Daeth terfyn sydyn cyn iddi allu ymhelaethu.

"Halt. Who goes there?"

Daeth y llais fel ergyd o ddryll drwy'r gwyll nes i Roy faglu yn y beic.

"Put your hands up."

Roedd y llais yn dod yn fygythiol tuag atynt. Yna, chwarddodd Tegwen yn uchel.

"Jim Christmas! Fe gelon ni'ch ofan chi. Pwy oe'ch chi'n feddwl oe'n ni, y Jyrmans?"

"Does wybod pwy sy oboitu'r lle, Tegwen Rhys."

"Chware teg i chi'r Home Guard am edrych ar ein hôl ni."

"Hy! Gyda phistol tegan." Roedd gwawd yn llais Roy. "Ond 'na fe. Chware plant yw'r Home Guard. Pwy maen nhw'n feddwl ddaw i dwll-tin-y-byd fel hwn?"

"Peidiwch chi â bod yn rhy siwr, Roy Pwll Du."

Sgwariodd Jim Christmas ei hun o flaen y ffermwr ifanc.

"Rwy i eisoes wedi towli rhwyd am un syspect heno. A rhowch y fatsien 'na mas. Parchwch y blac-owt, grwt."

"Ond sdim deddf yn erbyn smocio amser rhyfel, o's na, Mr Home Guard?"

"Siwr sy siwra. Mi fues i'n ame peth am y dieithryn gynne."

"Pam na fyddech chi wedi ei arestio, te? Na'ch gwaith chi yn y siwt gaci, nage fe?"

"Mi fyddwn i wedi gwneud hynny, Roy Llewelyn, oni bai i mi ddeall ei fod e'n olreit."

"Hy, shwd ddeloch chi i'r casgliad hynny?"

"Ma' unrhyw un sy'n dweud 'i fod e'n ffrind i deulu Bryn Awelon yn olreit."

Roedd Roy Llewelyn fel ci yn pilo asgwrn.

"Allse unrhyw sbïwr wneud 'ny, ddyn."

"Dwy i ddim mor dwp ag wyt ti'n feddwl. Mi holes i ei berfedd cyn dod i farn. Roedd e'n nabod Tegwen fan hyn, a'i mam, a'r ache i gyd. Ac ro'dd e'n Gymro. Ma'n flin gen i, Tegwen Rhys, os es i dros ben llestri wrth ei holi, ond rodd 'i Gymrag e'm bach yn od."

"Cymrag yw Cymrag, w..."

"Rowch e fel hyn, Roy Llewelyn, doedd e ddim yn siarad yn hollol fel chi a fi. Rhyw Gymrag coleg – ie, dyna fe."

"Hy, un o dy ffrindie di, Tegwen. Ma' nhw gyda thi ymhob twll a chornel." Roedd y llais yn blentynnaidd o bwdlyd. "Dere. Rown i'n meddwl dy fod di ar ras i fynd adre?"

Cytunodd Tegwen.

"Ie. Noson gynnar am unwaith gobeithio. Nos da, Jim Christmas. Daliwch ati. Rych chi'n gwneud tyrn da dros ein gwlad."

"Cadw dau lygad ar agor, Miss Tegwen. Pwy a ŵyr lle ma'r sbeis y dyddie 'ma?"

Gwenodd Tegwen wrth feddwl am Jim Christmas yn delio â sbeis. Yr oeddynt o fewn tafliad carreg i Fryn Awelon. Bu Roy Llewelyn yn fusneslyd ynghylch y ffrind oedd wedi galw heibio i Fryn Awelon, ond ni chafodd fawr o ymateb gan Tegwen. Nid oedd hi yn poeni, gan fod cymaint yn galw heibio fel y gallasai fod yn unrhyw un.

Byddai Rachel Rhys yn gofalu bod y drws wedi ei gloi hyd nes deuai Tegwen adref fel rheol, ond heno yr oedd yn ddatglo. Agorodd Tegwen ef, ac aeth i mewn i'r gegin, a Roy yn dynn wrth ei sawdl. Wedi sicrhau fod y blac-owt yn ei le, trodd y golau trydan ymlaen gan weiddi:

"Ryn ni gartre, Mam."

"Fan hyn, Tegwen."

Daeth llais ei mam o'r ystafell ganol. Gwnaeth Tegwen wep o syndod ar Roy, gan gerdded i mewn at ei mam. Safodd yn syn. Roedd ei mam fel rhyw iâr yn lledu ei hadain dros y bachgen ifanc a eisteddai wrth y ford fach symudol yn yfed te o'r cwpan â'r wennol las – cwpan ymwelydd gwell na'i gilydd. Pwy ar y ddaear oedd hwn? Roedd Roy wedi ei ddilyn, ac yn aros yn nrws yr ystafell. Roedd gweld y bachgen dieithr yn cael ei dendio yn ormod iddo.

"Beth yffach...?"

Yna pwyntiodd ei fys at y bachgen.

"Y blydi sbïwr welodd e, Jim Christmas."

Roedd llais Rachel Rhys yn gadarn.

"Ma'n ddrwg gen i Roy. Ma' gyda ni fater teuluol i'w drafod..."

Y peth diwethaf oedd Roy am wneud oedd gadael cyn gwybod beth oedd yn mynd ymlaen ym Mryn Awelon, ond gorfod iddo ildio o flaen cadernid Rachel Rhys. Clodd Rachel y drws ar ei ôl cyn dychwelyd i'r ystafell. Yr oedd golwg bryderus arni. Erbyn hyn roedd Tegwen wedi tynnu ei chot ac yn dal i edrych yn syn ar y bachgen oedd wedi codi yn gwrtais ar ei draed. Pwy oedd ef? Daeth ei mam i'r adwy.

"Eisteddwch eich dau. Tegwen, dyma André, ffrind Yann..."

"Yann. Ffrind i Yann?"

Roedd llais Tegwen yn floesg. Cododd i fynd at André.

"Oes rhywbeth wedi digwydd i Yann?"

"Na. Na. Pwylla bach."

Rhoddodd ei mam ei llaw ar ei hysgwydd i'w chadw yn ei sedd. Ond roedd hi'n amlwg fod Tegwen yn poeni.

Daeth llais ei mam yn bwyllog a thawel.

"Mae Yann yn y carchar, Tegwen. A ma' André 'ma i drafod y mater. Dere, gwell gadael y drafodaeth am heno. Bydd pethe'n gliriach yn y bore."

Yn y carchar ... y carchar ... Yr oedd fel tiwn gron yng nghlustiau Tegwen. Cododd ei mam gan roi edrychiad siarp ar ei merch.

"Gwell i André gael paned arall o de cyn mynd i'r gwely. Neu goffi falle, dyna fyddwch chi'n yfed draw 'na fynycha – o leia ym Mharis, yn ôl Tegwen.

"Fe wnaiff coffi yn dda. Diolch, Mrs Rhys."

Sylweddolodd Tegwen nad oedd wedi bod yn groesawgar tuag at André. Ceisiodd drechu ei hofnau am Yann.

"Dof i helpu gyda'r coffi, Mam."

Ymlaciodd André o flaen y tân serchog. Roedd yn teimlo blinder, ond yn weddol hapus fod y cam cyntaf o gyrraedd Bryn Awelon wedi llwyddo. Lwc ei fod yn adnabod Sean, y pysgotwr, yn Poldu. Sean Lan a Lawr fyddai pawb yn ei alw. Un munud byddai ei gwch yn y golwg, a'r funud nesaf wedi diflannu. Yr union gymeriad yr oedd angen ei help ar André i gyrraedd Cymru. Wrth gwrs, gwyddai André y byddai'n rhaid iddo ef a'i chwaer Yvonne drin dannedd Sean a'i dylwyth gwasgarog yn rhad ac am ddim am byth. Ond pa ots? Roedd Sean a'i bartner yn barod i aberthu eu bywydau i helpu'r rhai a garai Llydaw. Ac roedd Sean, yn anad neb, yn adnabod arfordir Penfro fel cefn ei law, wedi pysgota yn nes i'r lan na ddylai yn gyfreithlon lawer gwaith. Pwff o chwerthin di-hid oedd ei unig ateb pan awgrymodd André y byddai'n rhy beryglus iddo a hithau'n adeg rhyfel. Gwenodd André wrth gofio maint ei gwch-twba golchi o lestr. Ond roedd y twba bach yn gallu gwau rhwng y llongau peryclaf ac fe lwyddodd Sean Lan a Lawr i'w lanio ar hances poced o draeth nid nepell o Abergwaun. Rhoddodd André ochenaid. Wedi crafangu dros greigiau a thomenni, cuddiodd am oriau rhag i neb ei weld. Bu bron iddo gael ei ddal yn y diwedd. Yr Home Guard a'i "Who goes there?" Siglodd André ei ben wrth gofio'r sioc.

Roedd Tegwen yn cario'r hambwrdd a'r coffi iddo.

"Oes rhywbeth o'i le, André?"

Chwarddodd André.

"Na, na. Dim ond cofio'r daith yn mynd yma. A diolch mod i wedi llyncu hanes eich teulu cyn cwrdd â'r Jim Christmas 'na. Am eiliad, meddyliais y byddwn inne, fel Yann, yn y carchar."

Aeth meddwl Tegwen yn ôl yn syth at Yann.

"Beth yw'r cyhuddiad yn ei erbyn, André?"

"Cydweithio gyda'r Almaenwyr... *Collaborateur* – label y llywodraeth ar bob cenedlaetholwr."

"A beth yw'r ddedfryd?"

Trodd ei mam lygaid yn llawn tosturi arni.

"Dere, bach. Cei drafod hyn yn y bore."

"Na, Mam. Rwy'i am wybod nawr. Wel, André?"

"Marwolaeth, rwy'n ofni. Ond ryn ni'n mynd i'w gipio, Tegwen, a mynd ag ef yma."

Roedd calon Rachel Rhys yn gwaedu dros ei merch.

"Dewch. Ma' hi wedi bod yn ddiwrnod hir. Gadewn y llestri ar y bwrdd am heno, Tegwen."

Gafaelodd Tegwen yn y pecyn a roddodd André iddi.

"Na, Mam. Dydw i ddim yn symud cyn darllen y rhain. Ewch chi. Mi fydda i lan chwap. Nos da, André. Gwd neit, Mam."

"Kenavo, Tegwen. Rwy'n dod nawr i'r gwely."

'Mynd'...'dod'... roedd y geiriau yn tyllu drwy ei

hymennydd. 'Mynd ag ef yma' roedd André wedi dweud am Yann. 'Dod ag ef yma', dyna oedd ef yn ei feddwl. Daeth fflach o obaith i galon Tegwen. Agorodd y pecyn a dechreuodd ddarllen.

PENNOD 2

Medi 1939

Rwy'n sefyll o dan y gastanwydden yn y Champs Elysées. Ein castanwydden ni, cariad. Wyt ti'n cofio'r hwyl a'r ymdrech i gyfansoddi 'Paris y Cariadon', ein cân serch – y fi allan o diwn ar y clarinét, a thithau yn creu'r anfarwol

"Paradwys yw cael bod yn dy freichie

dan gastanwydden yn y Champs Elysées."

Heno, rwy'n sefyll yn yr union fan, ond â breichiau gwag, gwaetha'r modd, fy Nhegwen. Mae'r goeden yn feddw o flodau, ac yn corddi'r synhwyrau. Disgynnodd deilen i oglais fy ngwefus fel dy gusan ffarwel, cyn i'r awel ei chipio i'r gwyll, gan adael i fysedd hiraeth wasgu fy nghalon. Sut y medra i fyw hebot?

Ond rwy'n falch, Tegwen, dy fod yn ôl yn ddiogel yng Nghymru. Roedd dy fam yn llygad ei lle. Nid Ffrainc yw'r wlad i fod ynddi pan fo rhyfel. Y blydi Hitler 'na! Taswn i o fewn cyrraedd iddo, byddwn wedi hacio'i droed yn friwgig cyn iddo fentro halogi pridd gwlad Pwyl. Gobeithio y daw'r ymrafael i ben cyn hir inni gael bod yn ôl gyda'n gilydd. Ond rhaid cyfaddef, Teg, rwy'n isel, isel fy ysbryd. Does neb yma ym Mharis ond y Wasg am wn i, yn sylweddoli fod traed yr Almaenwyr eisoes yn mesur tir Ffrainc, ac wedi bod ers tro byd. Mi welais i'r llygaid gwancus yn rhythu dros y ffin pan o'wn yno yn gweithio fel gohebydd dros dro ar y *Berlin Times*, ac mi glywais eu tafodau'n mwmial, 'Freulich wie Gott in Frankreich.'

Hapus fel Duw, myn yffach i. Dyna beth yw jôc. Falle fod gwyrddni tir Ffrainc yn baradwys, yn eu golwg, o ganol eu fforestydd du, a mwg disgybledig y diwydiannau sy'n drewi eu ffroenau, ond paradwys ffŵl, wedwn i. Mae'r gwyrdd, fel y gwyddost, yn wyrddach i mi, hyd yn oed yng nghilfachau di-borfa fy Llydaw. Dyna lle mae fy nghalon. Prin fod yn rhaid i newyddiadurwr ddal ar y cyfle i ennill ei damaid lle mae'r newyddion, yn enwedig arbenigwr o wyddonydd fel fi. Ond ar *Le Figaro*, yma ym Mharis, rwy'n ofni, mae bwrlwm y gwaith ar y foment.

Ond rhywbeth dros dro fel y gwyddost, cariad, yw hyn. Pan ddaw 'na Senedd i Gymru ac i Lydaw, ein gorchwyl cyntaf fydd trefnu fod gwaith i'r ifanc yn eu gwlad eu hun; neb i orfod symud i Lundain neu Baris, neu unrhyw jyngl goncrit arall er cael modd i fyw. Ond ma 'na gwestiwn sy'n codi hunllef, cari bach. A fydden ni'n dau wedi cwrdd oni bai i mi orfod gadael Morbihan a dod yma yn gyw reporter, a thithau i ddod yn 'au pair' at Madame Gilbrun? Diolch i'r nefoedd inni gwrdd; dyna sy'n bwysig.

Does a ŵyr pryd y daw'r cyfle inni gofleidio eto, nac yn wir, hyd yn oed gysylltu. Ond rwy'n teimlo'n agos atat wrth ysgrifennu fel hyn. Ac mi baraf i groniclo o bryd i'w gilydd yr hyn fydd yn dal fy sylw, fel y cawn drafod yr helyntion argyfyngus yma, maes o law ym mreichiau ein gilydd.

Mae blodau'r gastanwydden uwch fy mhen yn cau eu llygaid llaith mewn cydymdeimlad. Kenavo, fy nghariadferch dlos.

Mae'r dyddiau yn dirwyn i'w nosau fel malwod ar gefnau dail bresych, fy Nhegwen fwyn. Mae'r newydd yn ddrwg. Pa obaith oedd gen y Pwyliaid ar geffylau yn erbyn Panzers di-waed y Natsïaid, a'u Stukas modern dieflig fu'n sgyrnygu o'r awyr ar eu pennau fel gwrachod ynfyd? A rhyngot ti a fi, addewid dan-din yw addewid Ffrainc a Phrydain i'w helpu. Daladier a Neville Chamberlain ... dau Brif Weinidog? Dau fabi – a dau fabi inciwbetor at hynny. Mae comiwnyddiaeth yn fwy o fwgan i Daladier na Hitler. Mae'n erlyn pob cochyn mor ddiamynedd â phe bai'n casglu pob deilen grin mewn storom o wynt. Does dim rhyfedd fod pawb yma yn llusgo eu traed a mwmial drwy eu dannedd,

"drôle de guerre; y *drôle de guerre.*"

A dyna'n union yw hi – rhyfel ffug. Mae byddinoedd Ffrainc i fod gyda'r gorau yn y byd, ac y mae digon o arfau yn y wlad, ond y gwir yw, does neb â stumog i ymladd.

Noson arall, Teg fach, a Hitler neu beidio, rhaid cario 'mlaen. Rwyf ar gychwyn am y Comédie Française i weld 'Cyrano de Bergerac'. Mae'r ddrama glasurol yn tynnu tyrfaoedd bob nos; unrhyw beth mae'n debyg i anghofio'r bwystfil Hitler drws nesa. Wn i ddim sut y medra i ymateb i gariad a sifalri'r ddwy ganrif yn ôl. Pe baet ti yma gyda mi, mi fedrwn o leiaf gydymdeimlo yn dy freichiau â boi'r trwyn hir rhamantus. Ond ma' 'na fonws; rhyfel neu beidio, rhaid bydd cadw'r traddodiad newyddiadurol o lymeitian siampên yn y Ritz o flaen y sioe. A phwy fedr ein beio, gyda thri diwrnod yr wythnos bellach heb gig, heb basteiod, heb gwrw? Beth sydd ar ôl ond siampên? A dim ond dechrau, rwy'n ofni, yw'r dogni. Mae pawb yma â'i ffydd yn y *Maginot Line*. Ffydd y ffyliaid! Bydd tanciau'r Natsïaid drwy'r llinell, fel camu drwy lenni sidan. Taw piau hi, fel y gwyddost, i genedlaetholwr o Lydaw, ond mae'n help i glosio atat drwy roi pwt ar bapur fel hyn. Cawn chwerthin uwchben y doethinebau ryw ddydd gobeithio.

Y *drôle de guerre* yn dechrau symud o'r diwedd, Tegwen. Lluoedd arfog y Sofiet wedi taro yn erbyn y Ffindir. Stalin, bellach, ac nid Hitler, yw cocyn hitio Daladier. Prydain ar y llaw arall yn dal mai Hitler yw'r prif elyn. Rhyfel y tu fewn i ryfel.

Na, rown i'n baglu wrth redeg. *Drôle de guerre* yw hi o hyd yma ym Mharis. Bûm adref am dro ym Morbihan; roedd hi'n fwy bywiog fanno. Y Cenedlaetholwyr yn fwrlwm o frwdfrydedd. Mae yna gnewyllyn cadarn o ddilynwyr Modrel. Llydaw i'r Llydawyr. Nid ein rhyfel ni yw rhyfel Ffrainc. Debyg mai dyna deimladau llu ohonoch yng Nghymru hefyd. Ond rhaid dal fy nhafod am ychydig eto er bod fy nghalon yn Llydaw, a gyda thi yng Nghymru.

Gwelais Anti Avril pan oen i yn Morbihan. Roedd hi'n gofidio, druan, am fod fy nghefnder Jaques, wedi ymuno â'r fyddin. Dydy ef a mi ddim yn gweld llygad yn llygad ar lawer o bethau, ond gobeithio y daw ef trwyddi er mwyn ei fam.

Rown i'n teimlo ar ôl cyrraedd nôl i'r ddinas, fod rhaid galw heibio ein castanwydden a chanu geiriau Taldir, '*Bro Goz ma Zadou*'. Wyt ti'n cofio, cariad, y ti yn morio 'Hen Wlad fy Nhadau', a minnau'n canu'r geiriau Llydaweg, a snobyddion Paris yn eu cotiau ffwr a'u menig swêd yn aros i wrando'n syn ar ddwy iaith Geltaidd yn ymuno'n gariadus. Hanner dwsin ar y mwya oedd yn gwrando arna i heno. Ond mi genais â'm holl enaid, Tegwen.

"Ni, Breiziz a galon, karomp hon gwir vro
Brudet eo an Arvor dre ar bed tro-dro
Dispont kreiz ar brezel hon tadou ken mad
A skuilhas eviti gwad.
O Breiz, ma Bro, Me gar ma Bro!
Tra ma vo mor 'vel mur'n he zro,

Tra môr yn fur i'r bur hoff bau,
O bydded i'r heniaith barhau."
Kenavo, fy nghariad, cwsg yn dawel.

Ffindir bellach wedi gorfod ildio i'r Rwsiaid. Ac er rhyddhad i lawer, Daladier wedi colli pleidlais o ymddiriedolaeth ynddo. Ni chawsom ni, fois y Wasg, fawr o gwsg neithiwr – pendwmpian pwy fyddai'r olynydd. Ond mae'r dyfalu ar ben. Paul Reynaud bellach yn Brif Weinidog. O, mi fyddet yn hoffi gweld hwn, Teg. Dim modfedd yn fwy na thi mewn taldra. Ceiliog bantam, ond real bastard ar ben ei domen fel y rhan fwyaf o geiliogod corachaidd y byd. Ac fel y rhan fwyaf o uwch-weinidogion ein llywodraeth, mae ganddo feistres – Madame Hélène de Porte. Y cwestiwn mawr yw, faint fydd pŵer y bais? Mae ganddi lysenw '*La porte arrière*' – 'y drws cefn', a fedr neb mae'n debyg gael clust y Prif Weinidog ond trwyddo. Felly, dyma'r fenyw fwyaf pwerus yn Ffrainc, ac arweinydd y wlad yn lwmpyn o does yn ei dwylo, yn gorfod gwisgo fel dandi, lliwio ei wallt er edrych yn ieuengach, a rhoi sedd iddi wrth ei ddesg ym mhob cynhadledd. Arwyddair newydd pennaeth y wlad yw 'Unrhyw beth am heddwch fin nos!'

Bravo y sgert! Llwyddodd i orfodi'r Prif Weinidog i gael gwared o'r diwedd ar Gamelin, Comander y Lluoedd Arfog. Nid cyn pryd. Mae'r Almaenwyr yn rasio drwy Luxembourg tua Sedan. A dyma'r dre lle bydd y cam cyntaf yn cael ei roi i mewn i Ffrainc.

Newyddion gwaeth eto. Mae'r Natsïaid wedi goresgyn gwlad Belg a'r Iseldiroedd.

Mai 16eg 1940

Dydd i'w gofio, wedwn i. Lloegr o'r diwedd wedi rhoi'r sac i'r cymodwr Chamberlain, a phenodi Winston Churchill yn ei le. Roedd e yma'r prynhawn 'ma. Bwldog perffaith i blannu ei ddannedd ym mhen ôl Adolf. Hawdd gweld ei fod yn berwi wrth weld ein gweinidogion mor ddi-asgwrn cefn, wrthi'n llosgi papurau swyddogol y tu allan i'w swyddfeydd er mwyn dianc o'r ddinas fel llygod o flaen dilyw. Addawodd bedair sgwadron o awyrennau i geisio cadw hyder y bobl, yna newid i chwech, cyn gorffen siarad, bron. Clamp o foi, Teg.

Reynaud heddiw'n ceisio achub ei groen drwy lusgo Maréchal Pétain, hen arwr y rhyfel diwethaf i mewn i'r Cabinet fel dirprwy iddo. Cyhoeddodd, 'Bellach mae arwr Verdun yn sefyll ochr yn ochr â mi, ac mi fydd yn glynu wrth fy ochr hyd awr fawr ein buddugoliaeth.'

Y cwestiwn mawr yw: faint o help fydd Pétain iddo?

Mae cyfrinachau yn cael eu torri yma fel ŷd o flaen beinder. Dywedodd Ramon, golygydd y *Madrid News*, wrthyf neithiwr fod Pétain wedi cyfaddef eisoes wrth Franco fod Ffrainc am ildio i Hitler. Ac a yw Pétain yn gwybod fod Reynaud wedi dweud wrth Churchill ddoe, 'Ryn ni wedi ein trechu', a bod Gamelin wedi hysbysu'r llywodraeth, 'Ryn ni wedi colli'r dydd'?

Wel, Teg fach, mae Gamelin wedi mynd a Maxime Weygand yn ei le – ffefryn yr enwog Foch gynt, a ffrind Pétain. Ond faint o obaith mewn difrif sydd gan wlad sy'n dibynnu ar hen ddynion i'w hachub? Mae'r cymylau mor dew nes gorwedd ar ysgwyddau'i gilydd. Rommel wedi sgubo heibio i Arras ac yn anelu am y môr gan ddwyn miloedd o garcharorion Ffrengig a Phrydeinig. Duw gadwo Llydaw i anadlu yn genedl ar wahân.

Leopold, gwlad Belg, yw'r diwethaf i gael ei sbaddu gan fwtsiwr Berlin. Gorfod i'r brenin arwyddo cadoediad diamodol. Does dim atal ar y teirant.

Rhaid i mi symud ar frys, Teg fach. Newydd gael winc bod cyflafan yn ôl pob tebyg ar ddigwydd yn Dunkirk. Ceir newyddion maes o law.

Mehefin 4ydd

Trychineb, neu orfoledd, fydd adroddiadau llyfrau hanes y dyfodol o bosib. Weles i erioed y fath olygfa, Tegwen. Cychod o bob lliw a llun yn gleidio fel ieir bach yr haf o flodyn i flodyn, gan grafangu'r milwyr a'u dwyn i ddiogelwch. Y Cynghreiriaid Milwrol yn aberthu eu bywydau gyda dewrder anhygoel er mwyn dal y gelyn yn ôl i'r lleill gael dianc. Diau y bydd Dunkirk mewn print bras ar galonnau'r miloedd celain.

Nôl ym Mharis, a'r ffigurau diweddara am Dunkirk yw bod 138,226 wedi eu hachub – rhyw gant ac ugain mil yn filwyr Ffrainc.

Prynhawn i godi calon, fy nghariad. Bu'r ci-tarw Winston yma mewn cynhadledd. Mewn llais graeanog heriodd y gwan-galonnau.

"Rhaid i Ffrainc a Phrydain ymladd ymlaen. Os caiff un wlad ei tharo i lawr, ni fydd i'r llall ildio. Ni ddylid rhoi ein harfau i lawr hyd nes ein bod yn ddiogel gyda'n gilydd. Bydd pobl Prydain yn dal i ymladd."

Y Cyrnol de Gaulle oedd yr unig un oedd yn barod i wrando arno. Cadoediad yw'r unig beth ar feddwl y Cadfridog Weygand.

Y newydd mawr yw bod Hitler ag un droed o leia yn Ffrainc. Mae'r milwyr wedi croesi'r Somme. Reynaud yn ceisio cadw ei ben uwch y dŵr drwy daflu Daladier allan o'i Gabinet a gwneud de Gaulle yn Is-ysgrifennydd Amddiffyn. De Gaulle yn lledu ei adain fel eryr ac yn mynnu y dylid cario'r frwydr ymlaen o Ogledd Affrica. Pétain ar y llaw arall yn siarad yn agored am drefnu cadoediad.

Y diweddara, cari bach. Rommel wedi croesi'r Seine gan gipio Rouen a Vernon. Mae'n brysur droi yn banic, Teg. Mi welais filwyr ar ffo neithiwr yn cwmanu fel caethweision dros bont y Seine, eu dillad fel petaent wedi eu llusgo drwy dwnnel o laid. Roedd arwyddair y gatrawd yn sefyll allan ar lawes un o'r bechgyn: 'Peur de Rien'... Ofni dim – beth ddiawl arall allen nhw wneud ond ffoi a Hitler yn dynn wrth eu sodlau?

Mae'r gelyn erbyn hyn wedi cyrraedd Marne, yn Chateau-Thierry. Rwyt ti'n gwybod fel finnau, Teg, pwy mor agos i Baris yw hynny. Mae Reynaud wedi gweld y golau coch ac yn symud ei Lywodraeth i Tours. Rym ninnau, staff *Le Figaro*, yn symud yno gyda'r llif. Fe rown i rywbeth tae'r teid yn mynd â fi i Lydaw.

Does dim trystio neb erbyn hyn. Mussolini wedi neidio ar y drol i ymladd yn erbyn Ffrainc. Hyd yn oed Roosevelt wedi ei gynhyrfu i ddweud yn gyhoeddus fod 'y llaw fu'n dal y dagr wedi ei wthio'n slei i gefn ei gymydog.' Galwodd Reynaud ar Roosevelt i ddanfon cymylau o awyrennau ar unwaith, gan sicrhau y byddai Ffrainc yn dal i amddiffyn Paris − o flaen y ddinas, y tu ôl i'r ddinas, y tu allan i'r ddinas. Sylwodd Washington yn sinigaidd, na ddywedodd 'tu mewn i'r ddinas.'

Anhrefn llwyr, pawb yn croesddweud ei gilydd. Y Cadfridog Weygand yn datgan fod Paris yn 'ddinas agored'; pennaeth y Polis, yn mynnu y byddai i'r brif ddinas gael ei hamddiffyn hyd y diwedd, ac wedi dosbarthu posteri yn ymbil ar y dinasyddion *'Citoyens Aux Armes'*.

Does neb bellach yn ysgwyd eu pennau a sôn yn sinigaidd am y *'drôle de guerre'*, na, pawb yn dianc fel haid o lygod mewn sgubor yn ffroeni pla o lygod. Mae'r ffyrdd o'r Gogledd i'r De wedi bod yn fyw o bob math o gerbydau fel haid o frain gwancus mewn cae newydd ei aredig. Citroens, Peugeots, Rolls Royces ... dyw dosbarth ddim ynddi mwyach − fan bwtsiwr, fan hufen iâ, pob math o gerbyd gyda dodrefn a matresi yn gwingo'n beryglus ar eu pennau.

Rown i'n aros ar gwr y Rue du Cherche Midi ganol dydd. Roedd hi'n olygfa drist, ond digri hefyd mewn rhyw ffordd. Fedrwn i ddim peidio â chwerthin wrth weld y Tad Lefarge yn chwys drabwd yn gwthio whilber a'i *'house-keeper'* ynddi a dillad gwely a chrysau'r Tad yn fwndel yn ei chôl. Pan own i tu allan i Invalides roedd ffermwr yn gyrru tractor a'i wraig yn eistedd wrth ei ochr a'i breichiau noeth ynghlwm o amgylch mochyn tew. A'r siarabáng 'Paris â Nuit' − wyt ti'n cofio inni ei gweld droeon yn cario pobl y gwyll i'r clybiau nos? Ond heddi, beth wyt ti'n feddwl, Teg? Roedd hi'n carlamu am y De yn orlawn o leianod. Mae dogfennau cyfrinachol y llywodraeth ar eu ffordd i Tours mewn lorri ludw.

Pan own i'n cerdded lawr y Rue du Suresne, fe stopiodd car. Madame Galbrun a'i theulu am ddweud ffarwel, hwythau hefyd am adael y ddinas ar frys. Roedd Simone fach yn anwesu ei thedi-bêr (yr un roist ti, Tegwen, iddi), a Madame yn sibrwd wrthyf fod ei fola wedi stwffio â phapurau arian. Raymond, ei gŵr aristocrataidd, hefyd wedi llunio ffon o biben ac wedi llanw'r goes â rhagor o bapurau o'r banc. Rhoddodd Simone gusan i mi i'w throsglwyddo i ti, a neges Madame drwy ei dagrau oedd, y bydden yn siŵr o gwrdd eto. Duw yn unig ŵyr pryd. Ie, pa bryd, Tegwen? Ai dyma'r ffordd o bosib y daw inni Lydaw rydd?

Mae'n rhaid i mi ychwanegu hyn. Rwyt ti'n cofio Alain, is-olygydd *Le Figaro*? Mae newydd ddod i mewn i'r swyddfa yn cario tair baguette a hanner – methu cofio, meddai ef, p'un ai pum torth a dau bysgodyn, ynte dwy dorth a phum pysgodyn oedd wedi achub y dorf newynog, felly mae wedi setlo ar dair torth a hanner. Mae Alain wedi gwrthod symud i Tours; am wynebu'r Boche lygad am lygad. Gobeithio na ddaw hi ddim yn ddant am ddant hefyd. Ffrancwr yw Alain wedi'r cyfan, nid Llydäwr.

Rwyf bellach yn Tours ac wedi bod yn Chateau de Chissay lle'r oedd y Cabinet yn cwrdd. Mae hi, Madame de Portes, yma, a'i bawd yn gwasgu'n drwm ar ben y Prif Weinidog. Nid yw hi dros de Gaulle, ac mae ef fel cwrci ar wely cols yn annog y Llywodraeth i symud y lluoedd arfog i Lydaw i yrru'r gelyn oddi yno. Wn i ddim yn iawn beth yw fy nheimladau i ar y mater.

Talodd Churchill ymweliad arall â ni, ond er siom i bawb, aeth yn ôl i Lundain yn lle mynychu'r Cabinet. Rwy'n ofni ei fod yn colli ei amynedd tuag at Ffrainc. Mae Pétain yn dweud yn agored fod yn rhaid i Ffrainc edrych ar ôl eu hunan, ac yn ei dyb ef, cadoediad yw'r unig ffordd inni wneud hynny. Reynaud yn gorfod derbyn erbyn hyn fod y mwyafrif llethol o blaid dod i delerau â'r Almaen.

Mehefin 14eg

Rwyf yn ôl ym Mharis, Tegwen. Paris yr Almaenwyr. Cerddasant i mewn i'r ddinas y bore yma. Mae cerbydau'r Natsïaid yn carlamu o amgylch yr Arc de Triomphe, ac i lawr y Champs-Elysées, nes y gallwn dyngu fod y castanwydd yn moesymgrymu mewn syndod – neu gywilydd. Gyrru wedyn am bont Alexandre III ac i fyny i'r Invalides, ac i'r Left Bank. A wyddost ti, Teg, yr oedd yn codi calon i weld dau neu dri arlunydd yn cario ymlaen yn hollol ddidaro gan anwybyddu'r milwyr Almeinig yn ei siacedi gwyrdd a'u rhesi botymau, eu menig lledr du, a'u sgidie tal. Maent wedi gofalu fod eu pencadlys yn y gwesty mwyaf moethus, y Grillon, yn y Place de la Concorde. Bod yn sbeitlyd, hwyrach, gan fod yr adeilad drws nesaf i bencadlys Llysgennad America, William Bullitt.

Wyt ti'n cofio amdanom ni'n dau yn edrych o'r tu allan ar y Grillon ac yn proffwydo y byddem yn treulio ein mis mêl ynddo ryw ddydd? A dyma Hitler yn cael drws agored i'r ddinas gyfan. Baneri'r Almaen sydd erbyn hyn yn cwhwfan o bob adeilad cyhoeddus, a baner goch enfawr a swastika haerllug arni, yn sgubo'r awyr o ben yr Arc de Triomphe.

Maent eisoes yn denu'r bobl gyda phosteri ar hyd a lled strydoedd Paris: 'Populations abandonnées - faites confiance au soldat allemand.' (*Bobl a gefnwyd arnynt, rhowch eich ffydd yn y milwyr Almeinig.*) Ar y poster mae llun milwr yn gwenu, a phlant o'i amgylch yn mwynhau anrhegion o fwyd. Fel y dywedodd Monsieur Rafell, mae'r milwyr Almeinig yn ymddwyn yn gywir, yn arestio pobl yn gywir ac yn eu saethu yn gywir. Mae'r merched ifanc eisoes yn llygadu'r dynion perffaith.

Ryn ni ar ffo eto, fy nghariad fach i. Y tro yma i Bordeaux. Cyfle gwell i'r Llywodraeth gilio o'r porthladd i Ogledd Affrica gan fod de Gaulle yn dwyn pwysau ar y Prif Weinidog i wneud ei bencadlys yn Algiers.

Mae Pierre Laval eisoes wedi gwneud ei hun yn gartrefol yn yr Hotel de Ville yma, a chynllwynio brwd ymhlith ef a'i ffrindiau i orfodi Reynaud i ymddiswyddo a phenodi Pétain yn ei le. Laval wedyn i gymryd drosodd yn lle'r hen arwr.

De Gaulle yn derbyn y syniad o Undeb rhwng Ffrainc a Phrydain. Churchill hefyd drosto, a Reynaud yn neidio ar y syniad ac yn credu y byddai hyn yn cryfhau ei sefyllfa. Ond gwrthododd y Cabinet bleidleisio i symud y Llywodraeth i Algiers.

Mehefin 17eg

Mae'r glaw yn pistyllio yma yn Bordeaux, fel pe'n galaru am gyflwr gweriniaeth Ffrainc. Bu bron i lais cwynfanllyd yr Arlywydd Lebrun foddi wrth hysbysu'r wlad mai Pétain bellach yw'r Prif Weinidog.

Pan eisteddodd Pétain i ddarllledu, roedd y mellt yn gwau o'i amgylch, a sŵn byddarol y taranau fel drymiau brodorion jyngl anwar. Rhai yn twyllo eu hunain mai emosiwn oedd yng nghryndod y llais, ond pawb yn eu calonnau yn gwybod mai henaint oedd y gelyn. Ond roedd hunanhyder yr hen gadno yn absoliwt.

'Rwy'n cynnig fy hun yn anrheg i'r genedl fel y gallaf esmwytháu ei thristwch. Gyda chalon drom rhaid eich hysbysu bod yr amser wedi dod i roi terfyn ar yr ymladd. Neithiwr, gofynnais am gael trafod cadoediad.'

Mae'r wlad wedi ymrannu ar y mater, Teg. Rhai yn falch fod y lladd wedi dod i ben, eraill yn cywilyddio am adael i'r gelyn ein trechu. Ond i fi, cariad, y cwestiwn mawr yw, beth all hyn olygu i Lydaw? Rwy'n deall ar dafod yr awel, fod degau o bocedau cudd tanddaearol, a'r gair 'Résistance' yn cael ei chwibanu'n gyfrinachol drwy ddannedd. Rwy'n dal yma yn *Le Figaro*, a'm holl enaid am fod gyda'm cyd-genedlaetholwyr ym Morbihan. Fedra i ddim dal llawer yn hwy; rhaid i mi fynd yn ôl i helpu'r achos. Meddylia, cariad, Cymru a Llydaw yn ddwy wlad rydd. Dyna fyddai buddugoliaeth. Fedra'i ddim teimlo un ffordd na'r llall ynglŷn â'r cadoediad, tynged Llydaw sy'n bwysig nawr.

Ond mae llawer yn erbyn y cadoediad. Wyt ti'n cofio'r hen Georges milwrol, oedd yn aros bob amser i gael sgwrs pan fyddem yn eistedd yn y sedd ar Bois de Boulogne? Daeth ef ataf y bore 'ma, yn ynfyd yn erbyn y 'cachgwn' yn ei dyb ef, a ildiodd i'r Natsïaid. Roedd e'n aros yn syth o'm blaen fel pe bai o hyd yn y fyddin, gan ofyn ac ail ofyn 'On tiendra. La garde meurt mais ne se rend pas'. Ie, 'y goruchwyliwr yn marw, nid yn ildio'. Roedd e'n dal i gredu yn hen arwyddair ei ysgol: 'De Matereriam Splendescam.' (*Rhowch i mi gyfle, a mi a ddisgleiriaf.*)

Tipyn o her, yn enwedig yn y dyddiau tywyll yma. Wyt ti'n credu, Teg, y daw cyfle i ni allan o'r annibendod dieflig ryn ni ynddo?

Kenavo, fy nghariad. Rwyt yn fy meddwl ddydd a nos.

Dydd arall i'w gofio, neu efallai o ddewis, ei anghofio. Dydd arwyddo'r cadoediad, y pumed ar hugain o Fehefin 1940. A dyw'r cythraul Natsi 'na ddim yn colli'r un tric. Ble wyt ti'n feddwl arwyddwyd y fuddugoliaeth? Yn Rwthondes, yng nghoedwig Compeigne – yr union le yr arwyddwyd y fuddugoliaeth yn eu herbyn yn y rhyfel diwethaf. Ac yn hen gerbyd Foch. Roedd traed gwancus y cyn-gorporal, yn dawnsio. A phwy all ei feio? Yr hwn a orchfygwyd yn orchfygwr, a Ffrainc bellach dan y swastika.

Mae pethau yn ddigri yma, Tegwen, oni bai eu bod yn drist. Rhaid bod Pétain yn ei ail blentyndod. Mae'n crynhoi cryts bach mewn trowseri byr o'i amgylch i ganu iddo anthem Vichy, 'Maréchal nous voilà'; mae'n bathu darnau arian gyda'r symbol o fwyell dwy lafn ac yn defnyddio hen eiriau Gweinidog Cyllid Henri IV ar y papurau arian: 'Labourage et pasturage sont les deux mamelles de la France.' (*Aredig a phori yw dau bwrs gorau Ffrainc.*) Ho. Ryn ni'n symud heddiw eto fel sipsiwn, o Bordeaux i Clermont-Ferrand. Ym Mharis, mae'r gwahaddod cynllwyngar wrthi'n brysur, pawb yn gofyn yng nghlust y llall – 'beth allwn ni 'neud? Fedrwn ni ddim gwneud dim.'

Cyhoeddwyd 'brochure' gan un symudiad 'Que Faire?' Ac fe'i hatebwyd: 'Parteut present et Faire.' (*Byddwch bresennol ym mhob man; sefwch i fyny.*) Dosbarthwyd ar hyd a lled Ffrainc, ac yn Llundain mae de Gaulle wedi ychwanegu Croes Lorraine – ei symbol personol – ar faner Ffrainc. Felly, mae yma ddau Fudiad. Y 'Resistance' fewnol, a'r 'Resistance' allanol, a'r ddwy garfan yn ymladd yr un gelynion sef Maréchal Pétain a'r Almaenwyr.

Bydd yn rhaid i mi fynd yn ôl i Lydaw, Tegwen.

Teg fach, cwr o fynydd arall heddiw eto – y tro hwn i Vichy; mwy na digon o westai moethus yno i'r uchel weinidogion gael mwynhau byw o dan draed y concwerwr.

Mae yna ambell fflach ynghanol y düwch tew. Prydain wedi cymryd meddiant o longau rhyfel Ffrainc ym mhorthladd Plymouth; ac yn fwy arswydus, yn tanio heb rybudd ar Lynges Ffrainc oedd yn cysgodi yn Mers-el-Kebir, Algeria. Dinistriwyd pedair o'u llongau rhyfel gan ladd 1,297 o'r llyngeswyr ac anafu 341. Mae Pierre Laval a'r Cadfridog Darlan am fynd i ryfel ar unwaith yn erbyn Prydain. Rwy'n gweld fod Mauriac yn sgrifennu heddi yn *Le Figaro* fod Churchill wedi llwyddo i uno Ffrainc a Phrydain am y tro cyntaf mewn hanes. Ond mae mwy o lawer yn canmol Churchill yn ddistaw bach am iddo achub y Llynges rhag syrthio i ddwylo'r Natsïaid.

Heddiw, bu'r Cynulliad Cenedlaethol yn cwrdd yn gyfrinachol. Gwrthodwyd mynediad i fois y Wasg, ond y mae un ymhob cyfarfod yn barod i agor ei geg. Mae Pétain, yn cael ei wthio gan Laval wrth gwrs, am greu gwladwriaeth newydd ar batrwm yr Almaen a'r Eidal. Bu Laval yn fawr ei ganmoliaeth o Hitler a Mussolini, gan ddweud fod Ffasgiaeth a Natsïaeth wedi llwyddo i ddwyn trefn, a chariad at eu gwlad, yn ôl i'r cenhedloedd hyn. Lluniwyd deddfau newydd yn penodi Maréchal Pétain yn Arlywydd yn lle Lebrun, a Pierre Laval yn Brif Weinidog. Mae cynllwynio hir a dan din Laval o'r diwedd wedi talu iddo. Rwy'n ofni, Tegwen, fod brwydr Prydain Fawr ar ddechrau.

Rhaid i ti faddau i mi am esgeuluso rhoi gair ar bapur ... gallaswn feddwl fod blynyddoedd er i mi wneud ... y wahadden wedi cael cyfle o'r diwedd i dyllu i grombil y ddaear.

Rwyf nôl, Teg annwyl, yn Llydaw. Ar y foment yn Rennes, yn gweithio dros y papur yn y dydd, a chyda'r 'Breiz Atao' yn y nos. Byddwn yn hapus, cariad, pe baet yma i dynnu llaw dros gefn y wahadden fach yma.

Does dim llawer y medraf ei roi ar bapur; mae llygaid ymhobman. Mae un newydd teuluol. Wyt ti'n cofio i mi ddweud fod Jaques, fy nghefnder, wedi ymuno â'r fyddin gyda'r cyntaf? Rwy'n ofni ei fod yn un o'r rhai a gollodd eu bywydau wrth amddiffyn Rouen. 'Ar goll' yw'r datganiad swyddogol, ond mae Anti Avril yn sicr yn ei meddwl na ddaw ef yn ôl byth. Mae'n flin am na chaiff y teulu ei gorff i'w gladdu. Dydy llywodraeth Vichy yn hidio fawr am deimladau pobl. Nid oedd ef a mi yn agos iawn erioed; yr oedd ef yn fwy o Ffrancwr nag o Lydäwr, ond pan ddaw hi'n ddiwedd y daith, mae gwaed yn dewach na dŵr.

Wyddost ti pwy welais i heddiw? Herman Otto, oedd yn gyd-ohebydd â mi ar y *Berlin Times*. Edrych yn smart iawn yn ei iwnifform werdd a'i sgidiau Hitleraidd yn disgleirio yn yr haul. Doeddwn i ddim yn siwr beth i wneud – meddyliais ei anwybyddu'n llwyr, ond fe groesodd ataf yn ddigon croesawgar. Roedd e'n cofio i mi ddweud fy mod yn dod o Lydaw, ac wedi fy nabod yn syth. Os gwelodd ambell un fi'n siarad ag ef, fe fydd y tafodau'n symud fel melinau gwynt. Ond fe fu ef yn ddigon caredig i mi pan oeddwn ar fy mhen fy hun ym Merlin.

Bydd y wahadden heno eto lawr y twll, cari bach. Gobeithio y medraf ddweud fel yr hen Jim Colier mai 'twll y fantais' fuodd e. Falle bydd y rhyfel wedi'r cwbwl, yn help i ni gael Llydaw rydd yn y pen draw.

Does wybod pryd y daw cyfle eto i dy gyfarch ar bapur. Cymer ofal, fy Nhegwen dlos. Mi fyddai'n braf i gael cwrdd cyn hir. Yn ôl y newyddion, mae'r bwldog Winston, nid yn unig yn cyfarth erbyn hyn, ond yn cnoi nes tynnu gwaed.

Teg, fy nghariad nid wyf wedi cael llawer o siawns i dy gyfarch yn ddiweddar gan fy mod fel tincer crwydrol yn symud o le i le, ond nid oes awr na fyddaf yn meddwl amdanat. Mae swyddfa *Le Figaro* fel llawer eraill wedi cau erbyn hyn ac rwyf yn gweithio i sawl gwasg ar hyn o bryd. Mae hyn yn beth da gan fy mod yn gallu mynd nôl i Lydaw ar adegau i fod yn wahadden ... neu yn wir cwningen fyddai'n fwy cywir, efallai, gan ein bod yn cenhedlu yn gyflym iawn y dyddiau yma; llawer yn dod i gredu mai hunanlywodraeth yw'r unig ffordd i Lydaw ddod yn rhydd o hualau'r Undeb â Ffrainc yn 1532. Ydyw, cari bach, mae'r teulu tanddaearol yn mynd o nerth i nerth.

Rwy'n flin fy mod yn methu cadw nodiadau mynych er diddori ein nosau pan ddaw dydd mawr y cyd-gwrdd eto. O Teg, dyna fydd gwynfyd; teimlo dy gorff yn cynhesu ataf a'r byd yn angof. Ac mae'n argoeli fod clustiau'r cŵn yn clywed y clychau eisoes.

Fel y gwyddost, debyg, mae traed yr Almaenwyr wedi sathru Ffrainc gyfan ers amser bellach. O hyn allan ni fydd gobaith i neb ddianc yn groes i'r ffin i Vichy gyda phapurau ffug. Bydd y gwahaddod, y Résistance, yn heglu am y mynyddoedd os cânt eu herlid o'r tyllau dan y pridd. Mae Llydaw yn arbennig wedi cael sylw Hitler. Mae arno ofn y bydd y Prydeinwyr a'u Cynghreiriaid yn torri trwodd, ac mae'n adeiladu mur i'w cadw draw. Mur Iwerydd, yr *Atlantic Wall*. Ond ddim mymryn mwy o iws, wedwn i, na'r *Maginot*, amddiffynfa'r Ffrancod. Ond mae gan Hitler ffydd ynddi. Casglodd gannoedd o weithwyr adeiladu nid yn unig o

Ffrainc, ond o Ewrop gyfan. Mae enw'r fenter yn awgrymog – *Todt* – a *Tod* yw'r gair Almeinig am farwolaeth.

Mi fûm i draw yn yr Ardal. Sarnwyd y cnydau cyn iddynt aeddfedu ac yn lle'r tyfiant gwyrdd, mae tyfiant artiffisial *chevaux de frise*, pyramidiau concrit, ac mae'r canghennau pinwydd a bedw oedd yn sisial eu cyfrinachau gynt, yn awr yn cael eu galw yn 'Asparagus Rommell'. Roedd hyd yn oed y creigiau cadarn yn gwegian fel haid o ddiotwyr yn sgil y ffrwydradau a glywir ddydd a nos. A wyddost ti beth, Teg, mae gan drigolion Guingamp a Safrieue hobi newydd – saethu twneli dianc drwy wal Hitler. Ac mae yma gymeriadau megis athrawon, ffermwyr, offeiriadon sydd yn mentro eu bywydau yn ddyddiol er mwyn cuddio'r rhai a geisiant ddianc o'r wlad – yr *hébergeuse* arwrol sy'n wynebu marwolaeth gan y Gestapo, hyd yn oed pe baent o dan amheuaeth yn unig.

Nid wyf yn credu, Teg, i ti glywed y gair *Sonderbehandlung* erioed; yn sicr nid oeddwn i wedi ei glywed tan yn ddiweddar, ond rwyf yn siwr y bydd pob Iddew ar draws y byd yn ei gario yn ysgrifenedig ar ei galon. 'Triniaeth arbennig', ffordd Hitler o waredu'r byd o hil israddol yn ei dyb ef. Cofia, nid yw pawb yn Ffrainc yn ddieuog chwaith. Cyhoeddodd *Gringoire*, papur gwrth-Iddewig y ddinas, restr o enwau pob Iddew yng Nghabinet y Llywodraeth. Gorchmynnwyd i bob Iddew wisgo Seren Felen, fel y byddent yn hysbys i bawb.

Tegwen annwyl, buaset yn torri dy galon pe baet yma. Ddoe, roeddwn yn y Place Carnot yn Lyon. Gwelwn y trenau yn pwffian allan, y tryciau yn orlawn o Iddewon, yn swyddogol ar eu ffordd i gael 'gwaith' yn yr Almaen, ond yn ffeithiol, yn syth i siambr nwy y gwersylloedd.

Pan gerddais yn ôl i Place Carnot, roedd geneth fach yn pwyso ar ddrws siop wag, ac yn crio'n dorcalonnus – rhyw chwech oed yn unig. Gofynnais iddi beth oedd o'i le. Roedd ei thad a'i mam wedi gorfod mynd ar y trên. Dywedodd y swyddog wrthi y byddai'n cael mynd ar y trên nesaf i gwrdd â'i rhieni ar ddiwedd y daith. Ond nid oedd trên arall yn rhedeg, ac yr oedd ar goll heb wybod beth i'w wneud. Es â hi am bryd o fwyd i gaffi yn ymyl. Gwyddwn fod ei mam a'i thad wedi eu gyrru i'w tranc, gan adael y ferch fach yn amddifad, ac mai hi fyddai'r nesaf i'w dilyn. O, Tegwen, mi fyddet ti wedi dotio arni – gwallt cyrliog du dros ei hysgwyddau, ac wedi ei gwisgo mewn ffrog binc wedi ei haddurno â rhubanau glas. Gwyddwn na fedrwn i ei gadael. Tynnais y seren felen oddi ar y ffrog; roedd gen i fatsis yn fy mhoced, es allan i'r tŷ bach ac fe'i llosgais yno.

Rhaid nawr oedd cael lle diogel i Lucille. Roeddwn yn mynd nôl i Rennes y noson honno. Es â hi gyda mi. Dywedais wrthi am fy nghyfarch fel Wncwl Yann, ac euthum law yn llaw ar y daith. Gwyddwn y medrwn ddibynnu ar Yvonne, chwaer André, fy ffrind, i helpu Lucille fach. Roedd Yvonne a'i brawd yn ddeintyddion, ac felly llawer o bobl yn mynd a dod i'w cartref. Cuddiwyd Lucille yno am dros wythnos. Pob cnoc ar y drws, ac mi fyddai Lucille yn gorfod rhedeg ar frys i eistedd yn y gadair ddeintyddol fel un a oedd o dan driniaeth brys, hyd nes bod y perygl drosodd. Marwolaeth fyddai tynged yr un oedd yn cuddio, fel y cuddwyr, pe baent yn cael eu dal. Mae'n dda gennyf ddweud wrthyt, Teg annwyl, fod y ferch fach yn fyw. Cafwyd lloches iddi yn y diwedd gan gwpwl o ffoaduriaid oedd yn cychwyn fin nos am Sbaen. Meddylia, cariad, y gelli frolio ryw ddydd wrth dy blant dy fod yn nabod – na, Tegwen – dy fod yn briod ag un a gipiodd 'Seren' i'w llosgi.

Mae pethau'n poethi, Teg. Mae trympedi buddugoliaeth yn canu'n felys yng nghlustiau'r rhai sydd yn erfyn am ddiwedd i'r ymladd. Mae'r Cynghreiriaid yn ennill yn yr Eidal, Rwsia a'r Pasiffig. Ac mae'r si yn gref eu bod ar oresgyn Ffrainc i'w rhyddhau unwaith eto. Mae'r Almaenwyr yn dibynnu gymaint ar eu trenau, ond mae'r gweithwyr yn dechrau gweld y golau ac mae'r *cheminots* – gweithwyr y rheilffyrdd – yn hen law ar blannu o dan y traciau. Chwythwyd deg o drenau ddoe, ac eraill yn Marseille, Saint-Amour a Macon, gyda cherbydau adnoddau rhyfel a chatrodau ar eu bwrdd. Ac mae'r *sabotage* yn rhemp ar arfordir Normandy.

Mae diwedd '43 wedi bod yn dda. Yr Americanwyr a'r Prydeinwyr bellach yn gweithio'n gytûn. Mae'r Rwsiaid wedi gorchfygu Pavlograd, yr Eidalwyr wedi ymuno â'r Cynghreiriaid yn Sardinia, ac wedi gyrru'r Natsïaid o'r Ynys, a'r Americanwyr fel arfer wedi adeiladu 'llynges fwyaf nerthol y byd', y Llynges sy'n curo hyd yn oed Prydain, meistres absoliwt y moroedd erioed.

Mae'r cweryl rhwng de Gaulle a Giraud, hefyd, wedi ei setlo, a phwyllgor y National Libération yn Algiers, wedi tynghedu ei safiad dros ddemocratiaeth. Cymerwyd miloedd o garcharorion Natsïaidd yn Yugoslavia, ac mae'r Groegiaid hwythau wedi ymuno drwy wneud difrod enfawr i frigâd Almeinig. Ac y mae Roosevelt, Churchill a Stalin yn cwrdd yn Tehran. Mae pethau yn symud; nid *drôle de guerre* mwyach. Pawb yn proffwydo y bydd Ffrainc yn rhydd eto yn 1944. O Teg, fy nghariad, wyt ti'n meddwl y daw rhyddhad i Lydaw yn sgil yr holl ladd a distryw?

Nos da, anwylyd.

Mae'n Fehefin y chweched, Teg, ac mae'r ymgyrch wedi cychwyn. Mae awyrennau bomio yn hofran uwchben Caen; Vire wedi ei dinistrio, Coutances wedi ei bomio'n drwm.

A Lisieux (wyt ti'n cofio, Teg, lle achubwyd golwg Piaf yn wyrthiol?), bron â'i ddinistrio yn llwyr – achubwyd yr eglwys gadeiriol drwy drugaredd. Y newydd diweddaraf yw bod Bayeux wedi ei achub – yr unig le heb ei ddinistrio – y ffordd ganol rhwng byddinoedd Prydain a'r Amerig. Diolch byth fod tapestri'r Frenhines Mathilde, y syrthiaist ti mewn cariad â hi pan fuon ni yno, wedi ei achub.

Beth ddaw nesaf, wn i ddim. Nos da, cari bach, gobeithio dy fod yn ddiogel yng ngorllewin Cymru. Falle na fydd hi ddim yn hir nawr cyn cawn gwrdd.

Kenavo, fy Nhegwen dlos.

Rwyf i gyfarfod â Herman Otto heno. Cytunasom i gwrdd o dan gynffon y ceffyl yr eistedd Louis XIV arno – cerflun enwocaf Lyon. Cei'r hanes y tro nesaf.

Tegwen fwyn, wnei di faddau i mi? Efallai mai dyma'r tro diwethaf y caf gyfle i dy gyfarch di fel hyn. Rwyf newydd glywed fod fy enw wedi ei ddarlledu dros y radio. Rwyf ar restr y cenedlaetholwyr cydnabyddedig, ac mae'r gwaddotwyr ar fy ôl. Maent wedi sylweddoli fod fy nghot mewn cyflwr da i'w blingo, ac mae'r trapiau wedi eu gosod ar draws y llwybrau.

Cymer ofal, trysor fy nghalon. Caf amser hir i feddwl amdanat yng nghrombil y ddaear.

Kenavo, dros dro yn unig. Duw a'i myn.

Nos da, cari bach.

PENNOD 3

Caeodd Tegwen y pecyn yn ôl yn ofalus, Yna, caeodd ei llygaid er mwyn gweld Yann yn gliriach yn ei meddwl. Yr oedd yn teimlo'n agosach ato nag erioed. Gwthiodd yn ôl yn ei chadair gan ddal y pecyn yn dynn ati nes cynhesu ei mynwes. Rhaid ei bod yn hanner breuddwydio pan ddaeth llais ei mam yn ofidus.

"Tegwen, Tegwen, rwyt ti heb fod yn y gwely."

"Fedrwn i ddim cysgu, Mam."

"Na finne, 'y mach i. Fedrwn i ddim aros yno. Dere, fe wnaf i baned i ni'n dwy."

"Mi fydde hynny'n help mawr."

Aeth Tegwen allan i'r gegin at ei mam. Roedd hi wedi meddwl yn hir ac wedi penderfynu beth i wneud. Gwyddai y byddai yn anodd gan ei mam i dderbyn. Tynnodd ddwy gadair yn nes at y Rayburn. Eisteddodd y ddwy i yfed y te. Cymerodd Tegwen ddracht neu ddau, yna rhoddodd ei chwpan yn ofalus yn ôl yn y soser.

"Mam, rwy i wedi penderfynu mynd i Lydaw gydag André."

"Mynd i Lydaw?"

Yr oedd anghrediniaeth ac ofn yn y llais.

"I fod yn agos at Yann."

"Ond Tegwen, wnest ti ddim deall André neithiwr? Ma'
Yann yn y carchar."

"Mi wn i, Mam. Ac mae André a'i ffrindie yn mynd i'w
gipio o'r carchar."

"Gwell i ti adael y pethe hyn iddyn nhw, Tegwen. Fedri di
neud dim."

"Falle na fedra i, Mam. Ond rwy am iddo wybod mod i
'na, ta p'un."

Roedd llais Rachel Rhys yn ymbilgar.

"Tegwen, ma' hi'n rhyfel. Fe alli di ga'l dy ladd."

"Mam fach, mi alla i ga'l fy lladd yma. Pe bai'r awyren 'na
wedi disgyn ar Fryn Awelon..."

"Eithriad o'dd honna. Ond ma' mynd i Lydaw yn
beryglus."

"Dydy perygl ddim yn bwysig lle mae cariad."

"Rwyt ti wedi blino, Teg. Cer i orffwys am ychydig. Fe
fyddi'n medru meddwl yn gliriach wedyn."

"Na, Mam. Rwy i wedi cael orie i feddwl. Rwy'i am drefnu
gydag André."

"Tegwen, fedra i ddim dy adel i neud hyn. Rwy'i eisoes
wedi colli Alun."

"Rwy'n gwybod, Mam. Ma' hyn yn galed. Ond mae Yann
o dan ddedfryd o farwolaeth. Pe bai ef farw, fyddwn i ddim
am fyw."

Gwelodd Rachel Rhys y ddirboen yn llygaid ei merch,
a gwyddai mai tynged Tegwen fyddai mynd i Lydaw at
ei chariad. Yr oedd ei chalon yn gwaedu trosti. Aeth ati i
ddechrau paratoi brecwast. Tybed a fyddai André yn gallu
newid meddwl Tegwen ynglŷn â'r peryglon?

Aeth Tegwen hithau, allan i odro. Diolch mai dim ond

dwy fuwch oedd ar ôl ar y fferm, gan iddynt droi at fagu anifeiliaid tew pan benderfynodd Alun ymuno â'r Llu Awyr. Yr oedd yr ysfa am hedfan wedi bod yn obsesiwn ganddo er yn blentyn. Obsesiwn a lwyddodd i'w ladd. Gwyddai Tegwen fod colli Alun wedi bod yn ergyd dirfawr i'w mam a'i bod yn anodd iawn iddi weld ei merch hefyd yn peryglu ei bywyd, ond, yr oedd un peth yn sicr, yr oedd rhuddin derwen ym mêr Rhys.

Wrth iddi groesi'r clôs i fynd â'r llaeth brecwast i'r tŷ, gwelodd Tegwen Roy Llewelyn yn dod i mewn drwy'r iet. "Hy, busnesan", mwmialodd Tegwen dan ei hanadl. Yr oedd wedi rhagweld y byddai'n rhaid bod yn ofalus i gadw trwyn Roy Pwll Du allan o bethau, ac wedi trefnu beth i'w ddweud.

"Bore da, Roy. Ti allan yn gynnar."

"Dim ond gweld os yw popeth yn iawn. Shwd ma'r Cymro o'r coleg?"

"Yn iawn, Roy bach. Yn iawn. Wedi dod â neges dros ffrind. Eistedd ar y fainc fan hyn am eiliad, Roy. Ma' gen i ffafr i ofyn i ti. Rwy'n gorfod mynd bant am rai dyddie..."

"Bant? Beth am y godro a'r ffarm?"

"Dyna le gei di helpu, Roy. Ma' ffrind i fi yn sâl yn ... yn Lloegr. Nei di gadw llygad ar bethe fan hyn hyd nes imi gyrraedd yn ôl?"

Nid oedd cael ei wthio allan o'r tŷ neithiwr wedi plesio Roy Llewelyn.

"Ma' rh'wbeth yn sydyn iawn yn hyn..."

"Amser rhyfel yw hi, Roy bach. Ma' 'na ddigwyddiade sydyn. Fe ddaw Griff Talar Wen i helpu gyda'r gwair. Ond rown i'n meddwl yr hoffet ti fod yn fos ma dros dro."

Daeth rhyw don yn debyg i sleidra dros wyneb Roy Llewelyn. Rhoddodd calon Tegwen gic. Oedd e wedi llyncu'r abwyd?

"Wel, beth amdani, Roy?"

"Mae'n dipyn i ofyn ar fyr rybudd..."

"Paid â dweud na chest ti'r cynnig cynta, te."

Neidiodd Roy i mewn rhag colli'r cyfle.

"O, fe wna i. Ond dim ond y ffafr er dy fwyn di, Tegwen..."

"Rwyt ti'n garedig, Roy. Wel, rhaid i fi fynd i ga'l brecwast.
Dere lawr i weld mam ar ôl te prynhawn."

"Does dim rhaid i fi fynd gartre. Fe alla i aros yma
drwy'r dydd."

"Na, na. Mi fyddwn yn mynd mas am sbel. Wedi te wnaiff
y tro. Rwyt ti'n werth y byd. So long nawr."

Yn ei gwylltineb i gael gwared ar ei chymydog, rhedodd
Tegwen gan adael y jwg laeth ar y fainc. Gwaeddodd Roy arni:

"I'r cŵn a'r brain ma'r llath ma 'te? A beth yw'r
gwylltu mowr?"

"Diolch, Roy. Ches i ddim llawer o gwsg neithiwr."

"Naddo, debyg, 'da'r Cymro o'r coleg 'na. Rhaid bod dy
ffrind yn beryglus o sâl cyn dy fod yn y fath stiw."

Ciciodd yr iet wrth fynd allan. Nid oedd Roy Llewelyn yn
hapus heb gael ei drwyn ym mhob carfan.

Yr oedd André yn eistedd wrth y ford frecwast yn sgwrsio
gyda'i mam am y Gymraeg.

"Na, Mrs Rhys. Dydy ddim o fy Nghymraeg i ogystal â
un Yann, nac â fy chwaer Yvonne. Mi fuon ni â lwc i gael
Cymro i'n dysgu. Dod i'w wersi yn Kemper. Yr oedd yn dysgu
ieithoedd Celtaidd yn yr ysgol. Owain o Landeilo. Dysgwr da.
Yr oedd pawb o'n pentre ni yn siarad gydag e. Yr oedd hyd
yn oed Jaques, cefnder Yann, yn medru yr iaith ... a ni gyd, y
Cenedlaetholwyr..."

Gwenodd Rachel Rhys ar ei merch. Tybed, meddyliodd

Tegwen, a oedd wedi ceisio perswadio André i'w darbwyllo rhag mynd i Lydaw. Ni fyddai yn ei beio. Ond mynd oedd rhaid. Trodd ei mam ei llaw arni...

"Dere, Tegwen i ga'l dy fwyd."

"Rwy'i wedi yfed cwpaned o laeth. Os ydy André wedi gorffen mi hoffwn fynd ati i drafod pethe."

Cododd André.

"Rwy i wedi cael digon, diolch, Tegwen. Ac mae'n bwysig i ddod oddi yma ar wyllt."

Gwyddai Rachel Rhys fod yr amser wedi dod i drafod pethau o ddifrif.

"Dewch. Awn drwodd i'r stafell ganol. Mae André yn dweud, Tegwen, ei fod am gychwyn yn ôl ar ei union."

Tarodd André i mewn ar frys.

"Mi es i yma gyda chwch bysgota o Poldu. Rhaid i mi yn awr ddod yn ôl i gwrdd â chwch arall ... falle fory, falle dydd ar ôl. Pryd bynnag y bydd Sean yn gweld y cyfle."

"Mae gen i well syniad, André. Hedfan yn ôl. Rwy'n dod gyda chi."

Cododd André ei ddwy law gan edrych ar Rachel Rhys. Gwyddai Tegwen fod ei mam wedi gofyn am ei help. Trodd André ati:

"Tegwen, mae dod i Lydaw yn rhy beryglus. Byddai Yann yn fodlon dim."

"Ddim yn fodlon neu beidio, rwyf yn mynd i Lydaw. Mam, peidiwch plîs â gwrthod hyn i mi."

Cododd Rachel Rhys ei dwylo fel pe i wthio pryder oddi wrthi. Yna nodiodd ei phen yn wangalon.

"Ti sy'n gw'bod."

Lledodd gwên o ddiolch dros wyneb Tegwen.

"Fe ddaw popeth yn iawn, Mam. O'r gore, André. Mae'n

bwysig i ni gyrraedd Llydaw gynted ag y medrwn ni er mwyn Yann."

"Ydy. Ydy. Gwir yw hynny, Tegwen."

"Hedfan amdani 'te."

"Ond does gen i ddim cysylltiad..."

"Gadewch hynny i fi. Mae tad ffrind Alun yn berchen awyren, ac wedi bod wrthi drwy'r rhyfel, gyda help y llywodraeth, yn smyglo carcharorion ac ati, yn ôl yma o'r Almaen."

Daliodd ei mam ei hanadl. Falle na fyddai modd cysylltu â hwn mewn pryd. Gwyddai y byddai'n well gan Tegwen roi fyny'r syniad o fynd i Lydaw na pheryglu bywyd Yann drwy wastraffu amser.

"Fe gymre ddyddie i drefnu hedfan. Mae'n bwysig cael Yann allan o'r carchar ar frys, Tegwen."

"Rwy'n sylweddoli'r brys. Dyna pam i mi roi caniad i Byron Rosser. Mi fydd e'n barod pan fyddwn ni."

Edrychodd André a Rachel Rhys ar ei gilydd. Gwyddent eu bod wedi eu trechu. O hyn ymlaen byddai'n rhaid bod bob cam o'r tu ôl i Tegwen. Bu'r trafod yn hir a manwl. Daeth yn amlwg fod gan André feddwl chwim ac roedd yn gwybod sut i osgoi camau gweigion. Gwnaeth un ymdrech arall i rwystro Tegwen. Oedd hi wedi sylweddoli'r perygl o ddisgyn mewn parasiwt? Ond nid oedd symud ar benderfyniad Tegwen. Fe wnâi unrhyw beth i achub Yann. Yr oedd hi ac Alun a'i ffrind wedi bod gyda'i dad, Byron Rosser, droeon, ac yr oedd Tegwen wedi gweld ei brawd a'i ffrind yn disgyn mewn parasiwt fwy nag unwaith. Yr oedd yn sicr y medrai ymdopi.

Pan welwyd nad oedd troi ar ei phenderfyniad aed ati o ddifrif i gynllunio'r ffordd orau o arbed amser. Cafodd André drafodaeth hir gyda Rosser ar y ffôn, trafodaeth a gododd ei galon. Yr oedd y peilot yn gwybod ei waith. Yr oedd ganddo hefyd gysylltiad yn Llydaw y medrai anfon negeseuon cudd iddo. Roedd Rosser hefyd yn gyfarwydd ag ardal San Briec, felly penderfynwyd cael lle disgyn yn agos yno. Gwyddai André am deulu o genedlaetholwyr yn byw mewn pentref cyfagos, Pabu, Philippe a Marie-Madeleine Lacau, Coat ar C'hastel. Roedd ganddynt gae ar gwr coedwig – man delfrydol i'r ddau ddisgyn. Rhoddodd André hefyd rif ffôn dau o gyfeillion 'Breiz Atao', Jean-Pierre a Géraud, i'r cyswllt yn Llydaw, i ddod yno i'w cyfarfod yng Nghoat ar C'hastel gyda'r trefniadau pellach.

Yr oedd Tegwen wrth ei bodd. Byddai cyn hir yn agos at Yann.

Nid oedd André na'i mam yn hapus. Byddai gweld merch o Gymru yn Llydaw ar adeg rhyfel yn tynnu sylw pe baent yn digwydd cael eu gweld. Ac fe allai gael ei charcharu a'i phoenydio. Ond yr oedd Tegwen wedi codi yn rhy fore iddyn nhw. Nid oes rwystrau disymud yn bod lle bo cariad. Fe âi allan o dan fantell ei brawd. Roeddent yn efeilliaid, ac Alun a hi yn ddigon tebyg. Dim ond iddi dorri ei gwallt, Alun Rhys fyddai i bob pwrpas – aelod o'r Awyrlu Prydeinig wedi ei saethu i lawr gan y gelyn.

Daeth gwên o edmygedd a hwyrach rhyddhad dros wyneb André.

"Fedra i ddim rhoi mwy o ganmol, Tegwen, na dweud eich bod yn gymar perffaith i Yann."

Plannodd Tegwen gusan ar ei foch.

"Diolch André. Ma' 'na waith i neud. Mae hyd yn oed y lleuad yn llawn i'n helpu. Heno fydd y noson fawr."

PENNOD 4

Bu tipyn o fynd a dod drwy'r bore ym Mryn Awelon. Cyrhaeddodd fan Gwyn Bwtsiwr i fynd â Tegwen ac André i gwrdd â Byron Rosser yn Rhos Helyg. Yr oedd Gwyn yn hen ffrind, ac yn un o'r rhai prin yn y pentref a gawsai wybod cyfrinachau'r teulu yn eu tristwch a'u llawenydd.

Safai André yn y gegin yn disgwyl i Tegwen orffen gwisgo, ar ôl bod yn Hwlffordd yn torri ei gwallt. Yr oedd Rachel Rhys wrthi yn sgleinio'r tebot arian am y trydydd tro, fel pe bai ei bywyd yn dibynnu ar ei ddisgleirdeb.

Daeth Tegwen yn sydyn o'r ystafell wedi gwisgo yn nillad ei brawd. Chwibanodd André ei syndod drwy ei ddannedd. Cododd Rachel ei phen a rhwygodd rhyw hanner sgrech dros ei gwefus:

"Alun!..."

Newidiodd ei gwedd. Rhedodd Tegwen i'w chymryd yn ei breichiau.

"Sori. Sori, Mam. Wnes i ddim meddwl..."

"Tegwen. Y tebygrwydd! Colli Alun ... a nawr tithe."

"Alun fyddai'r cyntaf i gytuno ar yr hyn rwy'n neud."

"Falle wir."

Ceisiodd Rachel Rhys gael rheolaeth ar ei theimladau.

"Cymer ofal. Pe bawn yn dy golli di hefyd..."

" 'Newch chi ddim. Byddwn yn ôl, gewch chi weld, cyn bod y tebot 'na wedi oeri. Mae Gwyn yn aros amdanom. Dewch, André. Gwell mynd cyn daw Roy Pwll Du i fusnesan."

Safodd ei mam wrth ei hochr.

"Gad di Roy i fi, Tegwen. Mi wn i shwd i drafod y Shoni holwr 'na."

Wedi i'r fan, gydag André o'r golwg yn y cefn, fynd allan drwy'r iet, sychodd Rachel Rhys ei dagrau â chornel ei ffedog cyn troi yn ôl at y gegin. Gafaelodd yn llun Alun o'r seld gan edrych arno'n hir drwy niwl y cof. Yr oedd y tebygrwydd rhyngddo ef a Tegwen wedi agor hen glwyfau hiraeth. Pam oedd yn rhaid i'r efeilliaid fod mor wahanol i bobl ifanc y pentre? Alun a'i ysfa am fynd i'r Awyrlu, a Tegwen yn bwrw bant i Baris a chwrdd â Yann. Ac i syrthio mewn cariad ag un mor bell! Nid fod ganddi ddim yn erbyn y bachgen; yr oedd yn un o'r goreuon ac o deulu da. Ond pam na allai ei hunig ferch fod wedi ymserchu mewn rhywun o fewn ei milltir sgwâr?

Rhoddodd Rachel y llun yn ôl yn ofalus ar silff isaf y seld. Gwyddai ei bod yn annheg i feirniadu Tegwen. Oni ddewisodd hi ei chymar yn erbyn ewyllys ei rhieni? Siop sgidie oedd gan Dafydd ei gŵr, a'r teulu yn awyddus iddi briodi ffermwr gan fod fferm Bryn Awelon wedi bod yn y teulu ers o leiaf ddwy ganrif. Ac wedi'r holl ddadlau a'r gofid, a'r styfnigrwydd hefyd o'i rhan hi, dyna lawenydd pan ddewisodd Dafydd ddod yno i ffermio ar ôl iddynt briodi. Daeth llygedyn o oleuni i'r llygaid trist.

Efallai y deuai Yann i Gymru i ffermio Bryn Awelon ar ôl y rhyfel. O Dduw ... cael y ddau yn ôl yn ddiogel oedd yn bwysig.

Cydiodd gyda phenderfyniad yn y ddwy ganhwyllbren bres. Tynnodd y tin Brasso o'r cwpwrdd gwaelod. Bu'n rhwbio hyd nes gweld ei llun yn yr un a'r llall. Yna, tynnodd ddarn o gŵyr allan o ddrâr y seld. '*Elbow grease*', meddyliodd. Dyna'r ffordd i osgoi chware meddyliau gofidus. Gweithiodd nes teimlo ei phenelin yn hollti. Aeth i wneud paned o de. Dyna'r eli i wella pob clwyf.

Pan oedd yn tywallt dŵr ar y tebot, daeth Roy Llewelyn drwy ddrws y gegin. Yr oedd Rachel Rhys yn falch fod ei theimladau dan glo.

"Gwynto'r te, Roy? Dere i eistedd wrth y ford."

Roedd llygaid Roy yn llithro o amgylch ym mhobman.

"Ble ma' nhw te?"

"Y nhw?"

"Tegwen a'r boi dierth..."

"Wedi mynd ers orie, Roy bach."

"Ma'i char hi yma, ta p'un."

"A'th Gwyn Bwtsiwr â hi i ddal y trên."

"Pam na fydde hi'n gofyn i fi?"

"Ddim am fynd â mwy o dy amser di, Roy, gan fod Gwyn yn digwydd mynd y ffordd yna. Nawr dere ... cacen neu ddwy. Ma' nhw'n ffres."

Bwytaodd Roy yn wancus, ond yr oedd yn amlwg nad oedd yn fodlon cael ei adael allan o'r hyn oedd yn mynd ymlaen ym Mryn Awelon. Bu'n holi a holi ond yr oedd Rachel Rhys yn gwybod sut i ddelio â'i chymydog busneslyd.

"Faint o amser fydd hi bant? Ches i fowr o sens."

"Fydd hi nôl gynted ag y gall hi, Roy bach. Ti'n gwybod am Tegwen. Galifantan ar fyr rybudd o hyd..."

"Ond i fynd amser rhyfel!"

"Dyw rhai pethe ddim yn parchu hyd yn oed rhyfel. Dyna

i ti Seren ni. Rwy'i am gael pip arni. Fydd hi ddim yn hir wedwn i cyn dod â llo."

"Wel, shwd galle Tegwen fynd ar amser mor anghyfleus te?"

"Gw'bod y byddet ti wrth law, Roy. Os wyt ti'n siwr dy fod wedi cael dy wala, fe awn ni mas i'r beudy."

"Sdim ishe i chi ddod mas, Rachel Rhys, fe ofala i am bopeth. Ac fe ddof i nôl a mlan hyd nes bydd y llo wedi cyrraedd."

Gwyddai Rachel nad oedd Seren yn debygol o ddod â llo ar hast. Ond roedd yn esgus i gael taw ar holi Roy. Safodd yn y drws i chwilio'r awyr yn ofalus am gymylau. Na, wrth lwc, yr oedd yn weddol glir. Beth pe baent yn cael stormydd o wynt wrth hedfan yn groes i'r sianel? Pe baent ... pe baent ... yr oedd yr ofnau yn mynnu cronni yn ffrydiau tymhestlog.

Tynnodd y drws ynghau. Yna ei gloi fel pe i gloi allan ei gofidiau. Aeth yn ôl i'r gegin. Tynnodd lenni'r blac-owt. Aeth i'r stafell ganol i dynnu'r llenni hynny. Wrth droi yn ei hôl, syllodd drachefn ar y sampler yn hongian ar y wal. Anrheg gan Tegwen o un o bardonau Llydaw. Fe'i tynnodd i lawr a darllen:

Ann den klanv houlen yec'hed,

An denkamm ar c'herzed,

Ar paour eun tammik bara,

Hag an dall ar gweled.

Yr oedd Tegwen wedi ei gyfieithu iddi:

Y claf a gais iechyd,

Y cloff ei gerdded,

Y tlawd ei damaid bara,

A'r dall gael gweled.

Yr oedd wedi ei bwytho yn gywrain a gofalus. Eisteddodd Rachel yn y gadair freichiau. Ie, gan rywun â Ffydd mewn gwyrthiau! Tawelodd y tolcian yn ei mynwes. Os oedd gan y Llydawyr ffydd mewn gwyrthiau, yr oedd gan y Cymry hefyd.

PENNOD 5

Roedd Byron Rosser yn disgwyl a'i gar wrth dalcen yr eglwys, yn Rhos Helyg pan gyrhaeddodd Gwyn Bwtsiwr a'r ddau deithiwr yn ei fan. Yr oedd y peilot yn cofio Tegwen yn dda – y ferch oedd fel cysgod yn dilyn ei brawd. Pan oedd ef yn rhoi trip i'w fab Paul a'i ffrind Alun yn ei awyren, byddai Tegwen yn glynu wrth eu sodlau fel gele. Dyna pam y cytunodd i fynd â hi ar yr antur yma; yr oedd ganddo'r ffydd fod ganddi'r hyder i neidio mewn parasiwt. Edrychodd arni. Yr oedd y penderfyniad a'r fenter yn addawol yn y llygaid clir.

Wedi teithio am ryw bedair milltir, arhosodd Byron y tu allan i sied enfawr. Aeth y tri i mewn. Roedd arbenigwr o'r Awyrlu yno i roi hyfforddiant i Tegwen ac André ynglŷn â disgyn mewn parasiwt. Eglurodd iddynt na fedrent ddefnyddio parasiwt a fyddai'n agor o ran ei hunan, gan y byddai'r awyren yn gorfod hedfan yn rhy isel i wneud hynny. Dangosodd iddynt felly sut oedd bachu'r llinynnau statig a fyddai'n agor eu parasiwt wrth iddynt neidio allan drwy'r hatsh. Teimlai Tegwen y chwys yn berlau symudol ar draws ei thalcen. Beth petai'r parasiwt yn gwrthod agor? Fflachiodd wyneb Yann o flaen ei llygaid. Rhoes ysgydwad i'w phen i gael gwared o'r perlau annifyr a gwrandawodd yn astud ar bob cymal o'r hyfforddiant.

Yr oedd dwy siwt rwber ar eu cyfer. Bu cryn dipyn o duchan wrth eu ffitio er mwyn gwneud yn siwr fod pob dim yn gweithio; trwy drugaredd yr oedd Tegwen ac André yn ddigon tenau. Eu siacedi oedd y broblem. Penderfynwyd gwneud pecyn ohonynt, a'i adael i lawr ar eu hôl. Roedd rhaid gwisgo helmed rwber hefyd er mwyn achub eu pennau, a phadiau i ddiogelu'r asgwrn cefn.

Wedi ymarfer yn drwyadl i neidio o dwll mewn llofft i ganol llawer o wellt, penderfynodd yr arbenigwr fod y ddau yn ddigon profiadol i wybod yn union beth i wneud. Fe'u gwahoddwyd i dŷ ffrindiau Byron Rosser i gael pryd o fwyd a seibiant, cyn mynd i'r maes awyr tua chanol nos.

Yr oedd y noson yn ffafriol. Lleuad lawn, mae'n debyg, fyddai'n ddelfrydol mewn ymgyrch debyg. Edrychodd Tegwen arni. Yr oedd bron yn grwn ... fel tae rhywun wedi torri sleisen allan o gosyn.

Esboniodd Byron Rosser mai awyren fomio Halifax yr arferai ddefnyddio i gludo carcharorion Prydeinig yn ôl adre. Honno fyddai ef yn defnyddio ar eu taith y noson honno. Er hynny, gwelwodd Tegwen wrth nesáu a gweld ei maint; yr oedd fel rhyw anghenfil mawr yn dod allan o'r gwyll i ymosod arni. Synhwyrodd André ei hofnau, a chydiodd yn ei braich.

"Awyren ddiogel, Tegwen, i ddod â ni i Lydaw. Ac i gwffio'r gelyn."

Ni wyddai Tegwen ai tynnu coes oedd, ond yr oedd cwffio i mewn i'r anghenfil yn ddigon o dasg iddi anghofio pob amheuon.

Wedi i'r arbenigwr archwilio'r awyren yn drylwyr, eisteddodd Byron Rosser wrth y llyw i danio'r peiriannau.

Rhoddodd yr awyren rhyw ddirgryniad fel ochenaid fawr, nes i Tegwen deimlo ei hasennau yn croesi ei gilydd.

Teimlodd yr awyren yn symud yn ei blaen yn araf, araf. Nid oedd ffenestri iddi ac ni fedrai Tegwen weld allan. Gwyddai er hynny, wrth y tolciadau fod yr Halifax enfawr yn symud i fyny'r rynwe. Yna, stopiodd. O'r nefoedd, gobeithio nad oedd dim o'i le. Gollyngodd Tegwen ei hanadl wrth i'r peiriannau ruo eto am eiliad, cyn gostegu ychydig. Agorodd Byron Rosser y throtl a llamodd yr awyren ymlaen yn gyflym ac yn gyflymach, nes codi o'r diwedd i'r awyr. Rhoddodd Tegwen ochenaid o ryddhad. Yr oeddynt ar eu ffordd i Lydaw.

Ymhen hydoedd, cyraeddasant arfordir Ffrainc, ac yr oedd ergydion gynnau i'w clywed yn annifyr. Teimlai Tegwen yr awyren yn gwau yn ôl ac ymlaen, codi, deifio, gwyro fel dyn meddw yn llywio ei lwybr mewn parti; pob symudiad i geisio osgoi'r saethu. Teimlai fel pe bai wedi bod yn yr awyr am oriau.

Yn sydyn yr oedd yr Halifax yn troi a throi yn yr awyr fel ci yn erlid ei gwt. Tybed eu bod uwchben pentref Pabu a bod y peilot yn troi mewn cylch i chwilio am y goleuni oedd yn arwain at y targed disgyn yng nghae Coat ar C'hastel? Gwelodd Tegwen yr arbenigwr yn troi i ddweud rhywbeth yng nghlust André, yna daeth yr un neges iddi hi. Oeddynt, yr oeddynt wedi cyrraedd ac ar y cam olaf cyn disgyn i dir Llydaw.

Agorodd y dyn yr hatsh. Aeth André i fachu y llinyn a fyddai yn agor ei barasiwt; gwnaeth Tegwen yr un peth. Symudodd André i eistedd a'i gefn at y peiriant. Eisteddodd ar ymyl yr hatch a'i goesau yn hongian drwy y twll. Ynghanol ei hofn, gwibiodd cof am 'dwll y fantais' yr hen golier yn smala drwy feddwl Tegwen. O Dduw, gobeithio hynny wir.

Trechodd ei braw ac aeth i eistedd gyferbyn ag André er mwyn cael bod yn barod i neidio yn syth ar ei ôl. Edrychodd allan. Roedd y goleuadau ar y llawr fel gemau coch yn wincio mewn tiara. Yna, trodd y golau yn wyrdd, a diflannodd André drwy'r twll. Taflodd Tegwen ei choesau i hongian yn y twll, rhoddodd hwb a theimlodd yr awyr fel chwip ar ei hwyneb. Yna, plwc ysgafn wrth i'r parasiwt agor, a theimlodd ei hun fel pe'n nofio mewn cwmwl i'r ddaear. Gwelai barasiwt André islaw, ychydig i'r chwith, yn disgleirio yng ngolau'r lleuad fel parasol haf Anti Kate. Cyn fawr o dro, teimlodd un droed yn cyffwrdd glaswellt. Rhaid ei bod wedi cyrraedd y llawr. Yna teimlodd ei thraed ar dir cadarn. Roedd y goleuadau yn ei dallu, ond cofiodd rowlio fel y dysgwyd iddi. Wedi eiliad i gynefino â'r wyrth, llwyddodd gyda dwylo crynedig i ddatrys yr harnais. Safodd ar ei thraed, ychydig yn feddw hwyrach.

Daeth rhywun i gydio ynddi. Ymhen ychydig, daeth André hefyd, a'i anadl yn ei ddwrn.

"Rych chi wedi mynd yma'n ddiogel, Tegwen."

"Odw, André. Rwy'n ddiogel."

Arweiniodd Jean-Pierre hwynt i ffos ymhen draw'r cae. Yr oedd ei gyd-genedlaetholwyr wedi mynd led cae arall i gasglu'r pecyn a gynhwysai siacedi'r ddau. Daeth Géraud â'r pecyn yn ddiogel. Cafodd Tegwen ac André groeso brwd gan Jean-Pierre a Géraud. Yr oeddynt mor llawen fod yr antur gyntaf wedi bod mor llwyddiannus.

Doedd dim amser i'w golli gan y byddai'n beryglus iddynt deithio wedi toriad gwawr. Rhannwyd fflasg o goffi berwedig a thocyn o fara menyn a chaws iddynt wrth egluro trefniadau pellach. Yr oeddynt i seiclo tua thref chwaer André yn Ploermel, Morbihan, am ryw bedair milltir. Yna, wedi mynd trwy groesffordd ryw ychydig yn uwch, byddai fan fara Michel yn aros amdanynt yng nghysgod clawdd trwchus. Yn ei fan ef y byddent yn teithio y rhan olaf o'r daith.

Estynnodd y Llydawyr y ddau *farc'h houarn* iddynt cyn ymadael. Cydiodd Tegwen ac André ynddynt. Edrychodd Tegwen ar ei beic. Un gwrywaidd. Sut yn y byd oedd hi i gyrraedd y bar? Yr oedd ganddi goesau hir fel ei brawd drwy drugaredd, ac yr oedd yn ddigon ystwyth ar wahân i ychydig gramp oherwydd diffyg lle ar yr awyren. Clymodd gwt ei siaced wrth gefn y sedd. Rhoddodd naid, a thrwy lwc disgynnodd ar sedd y *marc'h houarn*. Yr oedd yn rhaid iddi ymestyn ei choesau i'r eithaf cyn y gallai gyrraedd y pedalau, ond mater dibwys oedd hynny. Yr oedd hi ac André ar eu ffordd i ryddhau Yann.

Cyn cyrraedd y groesffordd, neidiodd gendarme allan o gysgod gwrych i'w stopio. Wydden nhw ddim fod yna waharddiad teithio? Pwy fusnes oedd gyda nhw i fod allan yr adeg honno? Aeth oerni fel cesair i lawr cefn Tegwen. Ai dyna ddiwedd ei gobeithion? Yr oedd André wrthi'n esbonio'n barablus. Wedi stelcian mas i garu dwy o'r pentref cyfagos – dwy gnawdol iawn – rych chi'n gwybod fel mae hi – y gwragedd yn gweithio'r nos – wel, beth ych chi'n disgwyl i ddyn ei wneud? Roedd hi'n amlwg i Tegwen fod André wedi dal clust y gendarme. Aeth André yn ei flaen. Roedd gan eu gwragedd dymer wyllt, ac mi fyddai yn uffern arnynt pe na chyrhaeddent adref cyn iddynt ddod o'r gwaith, ac felly darganfod eu noson o bechod. Mae dyn golygus fel chi, syr, yn siwr o fod yn deall ein sefyllfa.

Chwarddodd y gendarme wrth ddychmygu eu helynt...

"Tu sauras si votre nuit de passion valait les soucis." (Ti sy'n gwybod a fuodd y noson o garu yn werth y gofid.)

"Vas-y mais la prochaine fois, cherche les filles plus près de la

maison." (Bant â ti, a'r tro nesa mynnwch ferched cnawdol sy'n byw yn ymyl dy dŷ.)

Daliodd chwerthin y gendarme yng nghlustiau Tegwen am filltir neu ddwy. Diolch am feddwl chwim André. Gallai fod wedi bod ar ben arnynt.

Daethant o hyd i Michel a'r fan fara yng nghysgod clawdd o dyfiant trwchus. Cenedlaetholwr arall oedd Michel yn gweithio dros Lydaw, ac André ac yntau yn deall ei gilydd i'r dim. Roedd Tegwen yn dechrau teimlo bod llu o ffrindiau yn barod i helpu Yann. Taflwyd y beiciau i fewn i'r cefn, ac aeth y ddau i guddio atynt. Roedd Tegwen yn siwr na fyddai yn hawdd eistedd na cherdded drannoeth, yr oedd y *marc'h houarn* wedi gadael ei farc.

Ni thalodd neb sylw i'r fan. Fe'i gwelid yn aml yn oriau mân y bore yn dosbarthu bara i siopau'r pentrefi o amgylch. Cyraeddasant gynhesrwydd cartref Yvonne, chwaer André, yn flinedig ond yn hynod falch o'u lwc. Er bod dogni yn y wlad, yr oedd y bwrdd yn llawn, ac un peth yn unig oedd ar feddwl Tegwen, sef sut oedd cael Yann allan o'r carchar. Ond yr oedd pawb yn bendant. Cwsg am weddill y bore, ac yna trafodaeth a mwy o gynllwynio.

PENNOD 6

Dihunodd Tegwen yn wyllt heb sylweddoli ar unwaith ei bod mewn ystafell ddieithr. Edrychodd o'i hamgylch. Yr oedd mor debyg i ystafell mam-gu Bwlchmelyn – yr hen gwpwrdd mawr deri yn y gornel yn disgleirio yn haul gwan y bore. A'r hen wely dwbl, a'i byst wedi eu cerfio ag addurniadau Celtaidd. Teimlodd Tegwen yn gartrefol ynghanol y gwahanol liwiau brown. Yr oedd drych anferth mewn ffrâm aur yn ei hwynebu ar y bwrdd ymbincio. Gwyddai mai deintyddion oedd André a'i chwaer Yvonne. Rhaid eu bod yn gwario amser ac arian i fynychu cyfarfodydd cudd 'Breiz Atao' heblaw dim arall. Fel yng Nghymru, yr oedd rhai yn selog dros ryddid i'w gwlad.

Clywodd symud yn y gegin ac aeth i lawr. Yr oedd wynebau croesawgar yn ei disgwyl. André ac Yvonne, a'r ddau fu'n eu goleuo i mewn i Lydaw neithiwr, Jean-Pierre a Géraud. Ar rhain, mae'n debyg, fyddai tynged Yann yn dibynnu. Yr oedd Tegwen yn ddigon hapus fod rhain yn wir gyfeillion. Cafodd pawb y brecwast traddodiadol – bowlaid o goffi a darn o fara i'w feddalu ynddo. Gorffennodd pawb ar frys, ac ymlaen at y drafodaeth.

Daeth yn amlwg i Tegwen mai nid ar chware bach y ceid

Yann allan o'r carchar. Roedd Ffrainc yn y fath stad, doedd neb bellach yn siwr pwy oedd ei gyfaill a phwy oedd y gelyn. Pawb yn barod i fradychu ei gilydd os byddai hynny yn fantais iddynt hwy'n bersonol. Ac yr oedd y Gestapo a'r Polis yn gwylio fel cenfaint o foch yn turio am fês.

Y peth cyntaf oedd penderfynu rhan Tegwen yn y cynllun i achub Yann o'r carchar. Gwnaeth Tegwen yn glir iddynt ei bod am gymryd rhan yn yr ymdrech. Yr anhawster oedd na fedrai siarad Llydaweg, ac mi fyddai ei hacen Ffrangeg yn siwr o dynnu sylw. Wedi llawer o drafod, cafodd Pierre syniad. Fe allai Tegwen fod yn berthynas ar ymweliad, o un o bentrefi gwledig Morbihan, gan nad oedd yn medru'r iaith, ac yr oedd merched o'r wlad yn swil i siarad. Cytunodd Yvonne.

"Rhaid i ti wisgo yn y dull gwledig te, Tegwen. Dim problem. Ma' gen i ffrocie Pardynau. Ac rwyt ti a mi bron yr un hyd a lled."

Gwenodd Tegwen arni; roedd yn barod i wisgo sachliain a lludw er mwyn Yann. Daeth yn amlwg i Tegwen fod gwaith cartref trylwyr wedi ei wneud, a chwilio manwl am unrhyw fan gwan yng nghymeriadau goruchwylwyr y carchar. Yn ôl André, un yn unig a ellid ymddiried ynddo, ac mi fyddai'n hanfodol i weithredu y noson ddilynol os am ddal mantais i gael help. Ac yr oedd yr help hwn yn amhrisiadwy, gan mai ef oedd yn cadw llygaid ar y sawl a fyddai'n mynd a dod drwy ddrws y carchar. Gofalai hefyd am gildwrn i'r swyddog ar y gât i'r stryd gefn.

Mynnai Tegwen i fod yn un o'r parti i ryddhau Yann o'r carchar. Yr oedd André yn daer yn erbyn, am y gwyddai y byddai Yann yn anfodlon iawn iddynt beryglu bywyd Tegwen. Ond yr oedd Yvonne o'i phlaid; sylweddolai hi, fel merch, mor ddwfn oedd cariad Tegwen at Yann.

O'r diwedd cytunodd pawb i Tegwen gymryd rhan. 'Perthynas o'r wlad' oedd wedi dod i ffarwelio â Yann cyn ei ddienyddio byddai. Y broblem oedd sut i gael Yann yn ei ddillad carchar heibio i'r swyddog wrth y ddesg. Gellid llwgrwobrwyo ambell swyddog yn y carchardai ar hyd a lled y wlad, ond nid hwn yn Rennes. Roedd hi'n anodd darganfod unrhyw fan gwan yn ei gymeriad y gellid manteisio arno. Yn ôl eu hymchwil, nid oedd gobaith, chwaith, i'w symud o'i ddyletswyddau cyn diwedd y mis. Byddai'n rhaid felly smyglo dillad i Yann yn ei gell.

Daeth syniad i Tegwen. Trodd y syniad yn ei meddwl am ychydig. Daeth fflach o antur i'w llygaid. Edrychodd ar y sgert hir a wisgai Yvonne. Yna, cododd yn gyffrous.

"Yvonne, oes gyda ti sgert arall yr un fath â honna?"

Edrychodd Yvonne braidd yn syn.

"Oes, nen dyn. Gwisg fel hon fydd pawb ohonom yn ei gwisgo ym mhererindodau'r Pardynau..."

"Wel, te..." Dechreuodd Tegwen yn swil, ond aeth ymlaen yn fwy hyderus. Yr oedd bywyd Yann yn y fantol.

"Mi af i'r carchar i weld Yann gan wisgo dwy sgert a dwy siaced. Tynnaf y rhan uchaf a'u rhoi i Yann i'w gwisgo. Fe all gerdded allan wedyn."

Yr oedd cwestiwn ymhob llygad a drodd arni. Beth oedd yn bod arnynt? Yr oedd Tegwen yn ddiamynedd. Dyna'r unig ffordd sicr o gael Yann allan.

"Dych chi ddim yn gweld? Bydd y swyddog wrth y ddesg yn credu mai fi fydd yn cerdded allan."

Dechreuodd pawb siarad ar draws ei gilydd. Yn ôl André, yr oedd y syniad yn un rhy beryglus i Tegwen ac nid oedd sicrwydd y byddai'r cynllwyn yn gweithio. Roedd yr ymchwil wedi dangos fod hwn yn un o'r swyddogion cydwybodol. Beth petai yn edrych ar yr wyneb a nabod Yann? Byddai Yann a Tegwen mewn perygl wedyn.

Ond roedd Tegwen yn barod i ymladd am fywyd Yann.

"Gall gerdded allan gan guddio ei wyneb gyda hances boced. Fe fydd pawb yn disgwyl dagrau wrth ffarwelio â rhywun sy ar fin marw."

Roedd Yvonne erbyn hyn yn gyffro i gyd.

"Mi wn fod rhaid i Tegwen fynd i'r carchar fel ei gariad. Ma' hyd yn oed y caletaf Ffrancwr yn toddi pan ddaw hi'n fater o *l'amour*. Mae'n rhaid i'r syniad weithio."

Roedd André yn dal ymhell o fod yn fodlon. Chwiliai am bob gwendid yn y cynllun. Roedd yn derbyn y gallai Yann hwyrach sleifio allan fel Tegwen. Ond ble fyddai hynny'n gadael Tegwen? Sut fedrai hi fynd yr ail dro heibio i'r ddesg? Ni faddeuai Yann i'r un ohonynt pe bai rhywbeth yn digwydd i Tegwen. Bu pawb yn siarad ar draws ei gilydd. Tegwen a Yvonne yn gwrthod rhoi fyny'r syniad a neb â gwell awgrym. Y cwestiwn mawr i'w ateb oedd, sut i daflu llwch i lygaid y swyddog wrth y ddesg? Awgrymodd pob un ei syniad.

Awgrym Géraud oedd ei feddwi. "Mi alla i gael gafael ar ddiod reit gryf."

Nid oedd gobaith, yn ôl André. "Mae e'n digwydd bod yn llwyr ymwrthodwr, Géraud."

Y nesaf â'i awgrym oedd Jean-Pierre. "Beth am ddos o foddion cryf i ryddhau'r corff. Pan fydd e yn y tŷ bach..."

Na, roedd Yvonne yn erbyn hyn. "Rhy ansicr. Dyw pob corff ddim yn ymateb yn union yr un modd. Fyddai dim posib setlo ar yr amser."

Roedd sawl awgrym ond dim un yn dal dŵr. Jean-Pierre am roi ergyd y tu ôl i'w ben fel lladd cwningen, ond gwyddai pawb na fyddai hynny yn gweithio gan mai Ffrancwyr, ar wahân i Remy oedd yn eu helpu, oedd y rhan fwyaf o swyddogion y carchar. Yvonne o'r diwedd ddaeth â rhywfaint o obaith. Trodd at ei brawd.

"Wyt ti'n cofio i ti, André, ddweud fod y swyddog wrth y ddesg yn arbenigwr ar glocie?"

"Beth ar y ddaear sy gan hynny i wneud â chal Yann a Tegwen allan o'r carchar yn ddiogel?"

Roedd anobaith yn finiog yn ei lais. Ond fel ci newynog, yr oedd Yvonne yn ffroeni asgwrn.

"Dynion! Dim dychymyg. Rhaid mynd ati i chwyddo balchder y jiawl 'na wrth y ddesg. Wyt ti ddim yn deall?"

Yr oedd llygaid pawb arni.

"Yn ôl dy sbïwyr di, André, mae'n brolio y gall e drwsio unrhyw gloc yn y wlad. Wel, dewch te ... os mai cloc yw'r unig obaith, rhaid dod o hyd i gloc cymhleth ... cymhleth iawn yn abwyd."

Roedd Tegwen ar ei thraed.

"Pe bai modd cael cloc digon hynod i dynnu ei sylw..."

Trodd Yvonne at ei brawd.

"André, dyna dy job di. Mae gen ti dafod teg pan fo gofyn am hynny. Bydd yn rhaid i ti ddal ei ddiddordeb nes cael ei drwyn i mewn i berfedd y cloc."

Roedd hi'n amlwg fod Yvonne wedi llwyddo i ddal sylw André. Roedd Géraud a Jean-Pierre hefyd â'u cegau yn agored yn asesu'r cynllun. Gallai, fe allai weithio. Roedd pawb yn gytûn nad oedd fawr o berygl i gael Yann allan. Tegwen oedd y broblem. Ond yr oedd Tegwen yn gadarn dros y cynllun eisoes.

"Cipio Yann o'r carchar sy'n bwysig. Ef sy dan ddedfryd o farwolaeth. Os caf i fy nal rwy'n neb pwysig iddynt. Rwy'n Brydeiniwr hefyd. Falle y bydd hynny o help."

Cytunwyd i adael problem y cloc yn nwylo André. Yr oedd ef yn cofio fod gan ei Anti Margot gloc â pherfedd cymhleth iawn, a fyddai'n dal sylw unrhyw un â diddordeb yn y pwnc. Géraud oedd i ofalu fod fan ei gyfaill y tu allan i'r carchar i gipio Yann, a fyddai nawr mewn dillad merch, a'i ddwyn yn ôl i dŷ Yvonne. Byddai André a Tegwen yn dilyn mewn cerbyd arall.

Aeth Yvonne a Tegwen i chwilio am y dillad priodol. Cafwyd dwy sgert o'r un patrwm a lliwiau yn union, un yn lletach na'r llall i ffitio dros sgert Tegwen am fod Yann, er yn denau, ychydig yn dewach na Tegwen. Cafwyd dwy siaced hefyd yn ddigon agos eu lliw a'i siâp, drwy fenthyg un gan Germaine oedd yn byw i fyny'r stryd. Penderfynwyd bod y capiau Llydewig arferol i guddio'r gwallt, yn rhy gymhleth i'w gwisgo ar fyr rybudd, felly gwell fyddai capiau syml a gwallt dodi.

Cyn i'r criw bach fynd i'r gwely, aeth André dros bob cymal o'r cynlluniau â chrib fân. Nid oedd am adael dim i ffawd. Ni fedrai Tegwen feddwl am ddim, ond am y funud y byddai'n gweld Yann eto. Yr oedd ei chalon yn canu. Yann a hithau ym mreichiau ei gilydd.

PENNOD 7

Daeth yn amser i weithredu'r cynllun i gipio Yann i ryddid. Sobrodd Tegwen wrth ddod wyneb yn wyneb â muriau didrugaredd y carchar. Yna, sgwariodd ei hysgwyddau; yr oedd ei holl gorff yn wyniau o emosiynau. Cerddodd André a hithau i mewn i'r adeilad.

Taflodd Tegwen un olwg ar y Swyddog wrth y ddesg; nid oedd yn edrych yn hawdd i'w dwyllo. Crynodd ei chorff gan arswyd ond nid oedd am wanhau. Yr oedd rhuddin dur Rachel Rhys yn ei merch hefyd. Plygodd ei phen yn drist fel y gweddai i gariadferch oedd yn ffarwelio â'i chariad am y tro olaf. Esboniodd André wrth y Swyddog neges Tegwen yno; yr oedd wedi dod o ganol y wlad yn Morbihan ac yn gobeithio cael ychydig amser iddi ei hunan am y tro olaf gyda'r carcharor. Cytunodd y Swyddog i'r cais oedd wedi ei gyflwyno mor fonheddig. Wedi'r cyfan, rhif mewn ystadegau fyddai'r carcharor arbennig hwn mewn llai nag wythnos. Yr oedd y Swyddog yn deall ystadegau.

Aeth André ati i dynnu sgwrs â'r Swyddog ar y mater o glociau.

"*Colonel, on lit que vous êtes le plus grand expert du pays si non du monde entier lorsqu'il s'agit de pendules"* (Ma' nhw'n dweud mai chi yw'r arbenigwr mwya yn y wlad, os nad y byd, ar glociau, Colonel.)

"Je comprends un peu" (Rwy'n deall ychydig.)

"Je n'ose pas prendre la liberté, monsieur. Mais je m'inquiète. J'ai une pendule ici, c'est à ma grand-mère et elle se ronge le coeur parce qu'elle ne trouve personne pour la réparer. J'ai déjà essayé chez Louët, l'horloger – " (Dydw i ddim am fod yn haerllug, Syr. Ond rwy'n poeni. Ma gen i gloc fan hyn, cloc mam-gu, ac mae hi yn torri ei chalon am na fedr neb ei atgyweirio. Rwyf wedi trio Louët, yr oriadurwr –)

"Ce charlatan! Il ne comprend rien" (Cwac! Yn deall dim.)

"Pourriez-vous monsieur, eh bien, seulement proposer peut-être ce nui na ne pas. Ma grand-mère est vieille et malade. Mais j'ose peut-être trop demander à quelqu'un de votre compétence..." (Fyddech chi, Syr yn fodlon, wel, dim ond awgrymu falle, be sy o'i le. Mae mam-gu yn hen ac yn sâl. Ond rwy'n haerllug i ofyn i un o'ch gallu chi...)

"Laissez-moi, la regarder. Ah. C'est compliqué. C'est de l'époque Marie-Antoinette" (Dewch i mi gael golwg arno. Ah. Un cymhleth iawn. Un o gyfnod Marie Antoinette.)

"Si seulement vous pourriez trouver ce qui ne va pas, Monsieur, peut-être que Louët..." (Tasech chi'n gallu darganfod beth sy o'i le, falle fydde Louët wedyn...)

"Ne l'approchez pas avec ce trésor. C'est un maladroit. Tenez, laissez moi la regarder" (Peidiwch â mynd â'r trysor hwn yn agos ato. Bysedd a bawd ar bob llaw. Gadewch i mi gael gweld.)

Daliodd André ei anadl. Roedd hi'n amlwg fod sôn am yr oriadurwr Louët wedi taro'r hoelen ar ei phen. Roedd sylw'r Swyddog hefyd yn gwbl gyfan ar y cloc. Agorodd ddrâr y ddesg gan dynnu allan offer trwsio. Rhoddodd chwyddwydr arbennig wrth ei lygad. Roedd yn bryd i roi'r arwydd i Yann fod y ffordd yn glir. Camodd André gam neu ddau yn ôl, fel y byddai yng ngolwg drws y gell. Gwelodd gyda chil ei lygad fod Yann yno yn ei ddillad merchetaidd. Nodiodd.

Yr oedd Yann yn barod amdano. Wedi dod dros y syndod a'r wefr o weld Tegwen, bu Yann fawr o dro cyn deall y sefyllfa. Nid oedd yn fodlon cydsynio ar y dechrau. Beth petai Tegwen mewn perygl? Rhoddodd Tegwen daw arno â'i chusan. Tynnodd hithau'r dillad sbâr oddi arni a'u gwisgo am Yann.

Yr oedd y cynllun yn gweithio yn berffaith. Dwy Degwen yno! Un eiliad fach ym mreichiau ei gilydd, cyn i Tegwen wthio hances enfawr i law Yann, a'i siarsio yn ddifrifol.

"Cofia mai llefain ar ôl dy gariad wyt ti bob cam allan."

Cerddodd Yann yn ofalus tua drws ei ryddid, gan geisio peidio â thynnu sylw, drwy wylltu'n ormodol heibio i'r ddesg. Cododd y Swyddog ei ben wrth ei glywed yn mynd heibio. Gwelodd y ferch yn ei dagrau. 'O wel', meddyliodd, 'caiff afael yn rhywun arall cyn pen dim', ac aeth yn ôl i ddatrys dirgelwch perfedd y cloc. Iddo ef yr oedd hyn yn fwy diddorol na datrys emosiynau pobl.

Rhoddodd André ochenaid ddistaw wrth weld Yann yn mynd drwy'r drws yn ddiogel. Gwyddai y byddai Tegwen yn dilyn wedi ysbaid fer. Roedd yn rhaid cadw llygaid y Swyddog ar beirianwaith y cloc am ychydig eto. Plygodd dros y ddesg i gael golwg agosach ar yr arbenigwr wrth ei waith. Gweithiodd ar hunan ymffrost y dyn.

"*Vous devez être magicien, Colonel. Comment pouvez-vous reconnaître toutes les différentes pièces de la machine? Ce mécanisme tout petit? Quel rôle joue-t-elle dans les rouages compliqués?*" (Rhaid eich bod yn gonsuriwr, Colonel. Sut ych chi'n nabod y gwahanol olwynion? Beth am yr un fach, fach 'na – beth yw ei rhan hi yn y peirianwaith?)

Gafaelodd y Swyddog mewn pin arian i ddangos i André yn union beth oedd gwaith yr olwyn arbennig hon. Yr oedd wrth ei fodd yn dangos ei wybodaeth. O Dduw, a oedd yn clywed curiadau calon yr holwr?

Yr oedd Tegwen wedi pasio'r ddesg. Diolch byth, meddyliodd André. Yn sydyn, cododd y Swyddog ei ben. Edrychodd yn syn ar gefn y ferch hon oedd bron â chyrraedd y drws. Ysgydwodd ei ben. Onid oedd wedi gweld y ferch yn mynd allan unwaith o'r blaen? Roedd rhywbeth yn od fan hyn...

Gwaeddodd *"Mademoiselle..."*

Safodd Tegwen. Trodd at y Swyddog. Yr oedd dagrau gwirioneddol yn twmblo dros ei grudd. Roedd bywyd Yann yn y fantol.

"Pardonnez-moi, Monsieur. J'ai dû prendre un baiser de plus ... le tout dernier" (Maddeuwch plîs, Syr. Roedd yn rhaid cael un gusan ychwanegol ... y gusan olaf.)

Yr oedd rhan o sylw'r Swyddog yn dal ar y cloc. Ac eto ... gwyddai André fod yn rhaid achub y dydd...

"C'est difficile pour elle, Colonel. Une fille de la champagne, son amant sur le point d'être fusillé. Quelqu'un comme vous, monsieur, qui comprend la complexité des pendules, comprendra aussi bien les emotions." (Mae'n galed arni, Colonel. Merch ddiniwed o berfeddion y wlad. Ei chariad i'w saethu. Mae un fel y chi, Syr, sy'n deall cymhlethdodau clociau cywrain yn deall cymhlethdodau emosiynau dynol.)

Emosiynau, wir. Nid oedd diddordeb gan y Swyddog ond mewn clociau. Os oedd y ferch yn ddigon dwl i golli ei phen dros rywun fyddai'n gorff cyn fawr o dro... Aeth yn ôl at y cloc. Myn jawl, doedd hwn ddim yn mynd i'w drechu. Ond nid oedd erioed o'r blaen wedi gadael i ddim darfu ar ei waith fel Swyddog Carchar. Ac ni wna eto. Trodd at André:

"Si vous étés d'accord, laissez la pendule avec moi. Je la réparerai pendant mes moments de liberté." (Fyddech chi'n fodlon gadael y cloc yma? Af ati i'w atgyweirio yn fy amser hamdden.)

Dywedodd André wrtho am gymryd hynny o amser ag oedd angen arno.

Diolchodd iddo am bob help a cherddodd allan i'r stryd. Safodd am eiliad i sychu'r chwys. Roedd Tegwen yn ei ddisgwyl. Nid oedd sôn am y fan na Géraud, felly roedd Yann yn ddiogel am y foment. Rhaid oedd brysio adref. Yr oedd llawer i'w wneud. Mi fyddai chwilio ym mhob tŷ unwaith y byddai swyddogion y carchar yn darganfod y gell wag. Yr oedd hanner, na, hwyrach tri chwarter o'r frwydr wedi ei hennill. A thrwy achub Yann, yr oeddynt yn achub annibyniaeth Llydaw i'r dyfodol hefyd.

Penderfynwyd eisoes ar y lle diogel i guddio Yann. Yn y cwt glo. Bu aelodau o 'Breiz Atao' yn nhywyllwch y nos yn cario sacheidiau o lo, nes bod y cwt glo wrth dalcen tŷ Yvonne yn llawn. Yr oedd Yann i guddio mewn un sach oedd wedi ei thyllu ar ei gyfer. Pan ddeuai'r arwydd fod yr helgwn ar eu ffordd i chwilio am y ffoadur, yr oedd Yann i fynd mewn i'r sach oedd wedi ei gosod yn bwrpasol ger panel symudol yn y sied. Yr oedd i wisgo helmed, ac yna styllen ar ei ben i ddal y cnapiau glo yng ngheg y sach. Roedd rhaid i bob sach edrych yn union yr un fath. Teimlai Yann hi'n anrhydedd i gael ei garcharu mewn sach lo, yn lle'r gell yn y carchar. O leiaf, fyddai neb yno i ymosod arno a'i fwrw ar ei ben fel y gwnaeth un o swyddogion y carchar. Ac yr oedd y cyfan yn werth, er mwyn cael Tegwen yn ei freichiau cyn gorfod troi yn gnepyn o lo caled. Bu llawer o dynnu coes, ond wyddai pawb fod yn rhaid bod un cam ymlaen bob amser ar y rhai a fyddai'n chwilio am Yann megis â chrib fân.

O'r diwedd, daeth Jean-Pierre fel ceffyl rasio oedd newydd gael y blaen ar ei gyd gystadleuydd. Yr oedd yn halibalŵ yn y carchar. Y Swyddog yn beio pawb ond ef ei hun am adael i'r carcharor i ddianc. Yr oedd yn amser i Yann fynd i'w sach lo. Gyda help Jean-Pierre, symudwyd y panel, ac aeth Yann i'r sach gan wisgo'i helmed. Rhoddodd Jean-Pierre y styllen yn ei lle a llanwodd geg y sach â'r cnapiau glo. Caewyd y panel gan adael digon o aer rhag i Yann fygu. Credai pawb na fyddai'r erlidwyr yn darganfod y carcharor coll mewn lle mor annhebyg.

Aethai André i guddio mewn lle diogel yn nhŷ Géraud, gan y byddai pawb yn ei gysylltu ef â'r ddihangfa. Gwisgodd Tegwen hithau hefyd ddillad ei brawd, ac yr oedd yn annhebyg y byddai neb yn ei chysylltu â'r gariadferch a lwyddodd i gipio ei chariad o'r carchar. Marcel oedd ei henw ffug, cariad Yvonne o Morbihan.

Daeth y Polis fel cawod o gesair. Bu eu traed yn sangu ar bob modfedd o stafelloedd y tŷ, gan chwilio y tu mewn i bob dodrefnyn, o dan bob dodrefnyn, ac ymhob crych braidd, fel pe'n chwilio am chwain rheibus.

Fel dau gariad yr oedd Yvonne a Marcel yn cusanu ar sgiw yn y gegin. Nid oedd y Polis mewn tymer dda; nid oeddynt wedi cael un arweiniad hyd yn hyn i'w galluogi i ddal y ffoadur. Pan gawsent afael ynddo, cael ei saethu byddai ei dynged. Holwyd pawb yn haerllug. Sylwodd un o'r Polis fod acen Marcel yn wahanol. Aeth i ddechrau busnesa. Esboniodd Yvonne fod ei chariad yn dod o ganol y wlad yr ochr orllewinol o Morbihan, lle nad oedd yr acenion mor soffistigedig ag yn y ddinas. Gan nad oedd y gendarme wedi bod ymhell o'i ardal ei hun erioed, llyncodd yr esboniad.

Fel oedd pawb wedi rhagweld, bu cryn ddiddordeb yn y cwt glo. Rhwygwyd y drws yn agored, ond collodd y Gendarmes eu diddordeb gan ei fod yn llawn o sachau yn dal glo. Cafwyd gwared o'r gelynion o'r diwedd ac anadlodd pawb drachefn.

Daeth Jean-Pierre yn ôl i ddweud fod yr erlidwyr wedi symud yn ddigon pell o'r ardal a bod pob dim yn ddiogel i dynnu Yann allan o'r sach. Y tro cyntaf, meddai Tegwen, iddi erioed gusanu dyn du. Ond nid oedd hi'n adeg eto i fwynhau llawenydd: bath oedd y drefn, ac yna gwely esmwyth am ychydig oriau cyn symud ymlaen.

PENNOD 8

Cyrraedd Cymru oedd y nod nesaf. Ni fyddai bywyd Yann yn ddiogel hyd nes iddo lwyddo i fynd allan o'r wlad. Diau fod gwobr ychwanegol am ei ddal am iddo ddianc o'r carchar.

Roedd gan André gysylltiad yn Le Pouldu, ac mi fyddai llong bysgota yn cymryd Yann ar ei bwrdd i ddianc i Gymru. Gwyddai'r pysgotwyr am arfordir Penfro yn dda, ond Tegwen oedd y broblem gan ei bod yn benderfynol o fynd gyda Yann. Nid oedd am ei adael allan o'r golwg fyth eto. Byddai gweld merch ar gwch pysgota yn tynnu sylw, ond roedd Tegwen yn barod â'i hateb. Mi fyddai hi yn mynd nôl i Gymru fel y daeth i Lydaw – fel ei brawd Alun. Neu yn well byth, fel pysgotwr Llydewig. Cytunwyd ar hyn a threfnwyd iddi hi a Yann gael papurau ffug. Nid oedd hyn yn rhy anodd gan fod pob cymdeithas gudd â rhestr o enwau wrth law i'w defnyddio yn ôl y galw – enwau babanod wedi marw yn ifanc, efallai, neu aelodau o'r lluoedd arfog oedd wedi eu lladd yn y rhyfel. O'r rhestr oedd gan André, dewisodd Tegwen yr enw François Moger, pysgotwr ifanc, a thrwythodd ei hun yn hanes ei deulu rhag ofn iddi gael ei holi.

Penderfynodd Yann fabwysiadu enw a pherson ei gefnder

Jaques Goulet, gan y gwyddai ei fod wedi ei ladd yn y frwydr i amddiffyn Rouen rhag yr Almaenwyr. Nid oedd angen arno newid fawr ar ei ymddangosiad, dim ond lliwio ei wallt yn dduach. Y fantais fawr oedd y byddai yn gallu uniaethu'n gyfan gwbl â bywyd ei gefnder heb unrhyw anhawster pe'i holid. Gyda gwên, awgrymodd wrth Tegwen y byddai yn rhaid iddi gofio ei alw yn Jaques o hyn allan, hyd yn oed yng Nghymru, gan y byddai'n rhy beryglus i'w enw arferol gael ei glywed hyd nes y diddymid y ddedfryd o farwolaeth. Roedd Tegwen yn rhy hapus i adael hynny i'w gofidio.

"Mi'th alwaf di'n 'gariad' bob cynnig te, rhag i mi anghofio."

Wedi iddi nosi, symudodd Yann i dŷ cyfaill mewn stryd gefn, rhag i'r Polis ddod yn eu hôl i chwilio. Roedd yna arch yno'n barod, gan mai mewn hers fyddai'r ffordd ddiogelaf i deithio i Le Pouldu. Gwnaeth Yann ei hun mor gyffyrddus ag oedd modd yn yr arch. Daeth yr hers o flaen y tŷ, a chariwyd yr arch allan. Eisteddodd Tegwen yn siwt ei brawd yn ymyl y gyrrwr. Tynnodd un neu ddau o'r cymdogion eu hetiau o barch i'r ymadawedig, ac fe gychwynnwyd ar y siwrne i Gymru.

Bu un sefyllfa o argyfwng pan stopiwyd yr hers gan gendarme. Dechreuodd holi'n fusneslyd. Ond yr oedd y gyrrwr yn genedlaetholwr diffuant ac wedi meddwl beth i ddweud pe bai yn digwydd cael trwbwl. Atebodd ei fod yn cario corff i'w gladdu yng ngorllewin Morbihan, lle'r oedd teulu'r ymadawedig yn byw. Trasiedi o'r mwyaf – bachgen ifanc, glân wedi dod yn ôl o ymladd dros ei wlad yng ngogledd Affrica. Wedi marw o'r colera. Clefyd, fel y gwyddai pawb, sy'n angheuol o heintus. Erfyniodd ar yr heddwas i ffeindio sigarét iddo. Yr oedd wedi smocio cymaint ers cychwyn y daith beryglus hon, fel bod y pecyn yn wag. Roedd yn rhaid gwneud popeth a fedrai i osgoi'r pla marwol. Daliodd bapur ugain ffranc o dan drwyn y gendarme.

"Prenez la même si vous n'avez q'une seule cigarette â me donner. Mourir de cholera c'est une mort douloureuse..."

Edrychodd y gendarme ar yr arian papur. Chwiliodd yn ei boced am y pecyn sigaréts. Tynnodd ddwy allan.

"Tenez. Prenez en deux. Une pour lui aussi."

Pwyntiodd ei fys at Tegwen oedd yn crynu o ofn yn ei sedd. Siarsiodd y gendarme y gyrrwr i fynd ar frys i gladdu'r corff. Diolchodd y gyrrwr yn ddwys iddo gan roi ei droed i lawr yn drwm ar y throtl, a symud yn ei flaen gynted ag y gallai.

Yr oedd tŷ Henri, cyfaill André, yn Le Pouldu, ar fryncyn ar ei ben ei hun. Daeth yr hers i ben ei thaith o flaen y bwthyn. Tynnwyd clawr yr arch, llithrodd Yann allan a chafodd help Tegwen i ystwytho'r coesau blin. Aethant i mewn i gynhesrwydd aelwyd groesawgar y pysgotwr. Yr oedd arogl crempogau yn llenwi'r ystafell.

Bu'n rhaid aros i'r haul gilio a'r tywyllwch ddisgyn cyn mentro at y cwch. Yr oedd llygaid angharedig ymhobman ac ni fedrai drystio hyd yn oed ei gymydog. Gwisgwyd Tegwen a Yann mewn dillad pysgotwyr, ac wedi cael cwlffyn o fara i'w drochi mewn coffi berwedig, daeth yn amser i wthio'r cwch allan i'r môr. Gwasgodd Tegwen yn glòs at Yann gorau y medrai, gan fod y dillad oel yn rhwystr, y cwch yn fach a'r tonnau mor fawr. Ond yr oeddynt ar eu ffordd i Sir Benfro. Gwenodd Tegwen drwy ei hofnau yn y tywyllwch; byddai cuddio Yann ar y fferm gartref yn baradwys pur.

Deallai'r pysgotwyr eu gwaith ar fordaith beryglus, oblegid nid ar chware bach y gallent wau i mewn ac allan yn y tywyllwch a'r môr yn brysurdeb o longau anferth eu maint. Ond yr oedd blynyddoedd o fywyd caled wrth ennill eu bara, wedi gwneud y Llydawyr hyn yn wydn a dewr. Wedi oriau maith o ymdrech, llwyddodd y ddau bysgotwr profiadol lanio Yann a Tegwen ar lain o draeth nid nepell o Gwm-yr-Eglwys.

Nid oedd yr ardal yn ddieithr i Tegwen, ond teimlodd ei bod yn rhy gynnar iddynt gerdded allan i'r ffordd fawr rhag iddynt gael eu stopio ac i Yann gael ei holi. Roedd fferm ar dop y lôn. Cofiodd Tegwen iddi basio un tro a gweld sied ddefaid yn y cae. Tynnodd Yann dros y clawdd. Yr oedd y sied yno, ac eisteddodd y ddau i fwrw'u lludded nes y byddai'n fwy diogel iddynt fynd ar eu taith.

Cychwyn eto, ond yn gorfod cuddio y tu ôl i glawdd wrth glywed sŵn lorri yn dod yn y pellter. Roedd Tegwen yn dechrau cloffi. Tynnodd ei hesgid i gael esmwythâd, ac wrth ei hysgwyd, syrthiodd carreg allan...

"Ha! Honna oedd y drwg yn y caws."

Roedd Yann yn ofalus amdani.

"Cariad, mi alla i dy gario..."

Chwarddodd Tegwen wrth feddwl am y sylw fyddent yn ei dynnu pe bai'n mynd lan yr hewl ym mreichiau Yann. Yna, rhybuddiodd ei hunan,

"Hist. Does dim iws cadw stŵr. Ac mi wn i am un ffordd i beidio."

Tynnodd Yann ati gan roi clamp o gusan iddo. Yna, ail gychwyn ar eu taith.

Bu un foment argyfyngus iawn. Wrth droi tro, gwelent blismon ar ganol yr hewl yn pwyso ar ei feic. Rhewodd Tegwen. Doedd dim cyfle i ddianc. Edrychodd Yann a Tegwen ar ei gilydd. Trwbwl? Doedd dim i'w wneud ond mynd ymlaen. Trodd y plismon wrth glywed eu sŵn yn nesáu. Rhoddodd Tegwen ochenaid uchel o ryddhad. Roedd yn ei nabod, ac yntau yn ei nabod hi. Y Rhingyll Morris. Byddent yn cael sgwrs fach ar sgwâr Abergwaun yn aml. Cyn iddo gael cyfle i ddweud gair, achubodd Tegwen y blaen arno.

"Rhedeg mas o betrol, Sarjant. Wfft i'r hen ryfel 'ma."

"Pawb yn ei dallt hi, Miss Rhys. Cwpons yn bethe prin."

"Rown yn cerdded gan obeithio cael lifft i Abergwaun."

"Abergwaun? Dowch weld nawr. Hmm. Ro'dd e Davies y Fet ar glôs y ffarm 'co gynne. Os nad yw e wedi mynd, mae e 'na nawr. Falle 'i fod e'n mynd nôl i'r dre."

Rhuthrodd Tegwen, a Yann ar ei hôl, heibio i'r Sarjant. Gwaeddodd Tegwen.

"Diolch o galon, Sarjant. Gwell rhedeg i'w ddala."

Symudodd y ddau fel ceffylau rasys rhag i'r Sarjant gael cyfle i'w holi, hyd nes iddynt gyrraedd y fferm. Oedd, yr oedd y Fet yno o hyd, a newydd orffen rhoi chwistrelliad i'r fuwch a ddioddefai o glefyd y llaeth. Gwyddai Tegwen y gallai ymddiried yn Davies; efe oedd Fet Bryn Awelon, ac yr oedd yn un o'r dynion prin hynny na fyddai byth yn ymyrryd ym mywydau pobl eraill. Oedd, yr oedd yn mynd yn ôl yn syth i Abergwaun, ac mi fyddai'n bleser ganddo roi lifft i'r ddau.

PENNOD 9

Yr oedd y dyddiau hir o ofid wedi gadael eu hôl ar Rachel
Rhys. Nid oedd yn barod i dderbyn Yann â breichiau agored
eto. Er mai rhyw gofnodiad ysgafn a gafodd gan Tegwen am
y peryglon y bu drwyddynt, nid oedd yn hawdd taflu llwch
i lygaid ei mam. Ond yr oedd yn rhaid iddi gyfaddef fod
Tegwen yn hapusach erbyn hyn, ac, o dipyn i beth, toddodd
yr oerni tuag at y Llydäwr. Gwyddai wrth edrych ar y ddau
fod yna wir gariad. Y peth mawr oedd bod y ddau ar ei
haelwyd yn ddiogel, a rhaid iddi wneud popeth yn ei gallu
i'w cadw felly. Rhaid oedd cuddio Yann rhwng muriau Bryn
Awelon nes gweld sut oedd y gwynt yn chwythu. Efallai na
fyddai rhaid aros yn hir am fod sôn y gallai dyddiau Hitler o
bosib ddod i ben yn fuan. O, mi fyddai'n dda gweld diwedd ar
y rhyfel erchyll. Cynnyrch ei milltir sgwâr oedd Rachel Rhys,
ac nid oedd am i'r cymdogion wybod ei bod yn llochesu un
oedd wedi dianc o garchar, rhag iddynt gamddeall. Ni fedrai
beidio gofidio am Roy Llewelyn, am ei fod yn rhy fusneslyd o
lawer, a phe bai ef yn gwybod am Yann, gallai wneud llawer
o niwed iddo.

Gwyddai Tegwen hefyd na fedrai ymddiried yn ei

chymydog a rhaid cadw Yann o olwg pawb. Ni ofidiai am hyn; bod gyda'i gilydd oedd ei pharadwys bennaf. Wedi'r peryglon y buont drwyddynt, yr oedd y ddau gariad yn nes nag erioed, a'r cyfrinachau wedi cyfoethogi eu bywyd.

Pan gyfarfu Roy Llewelyn â Tegwen, yr oedd yn amlwg nad oedd yn derbyn y stori am y ffrind sâl. Yr oedd byth a beunydd o dan ei thraed ar y fferm yn llygadu a gwrando. Roedd ei roi yng ngofal y fferm tra bu hi i ffwrdd wedi esgor ar syniadau uchelgeisiol yn ei ben. Siaradai fel tase Tegwen wedi addo ei briodi. Gwyddai hithau y byddai'n rhaid iddi, mewn byr amser, ddweud wrtho yn blwmp ac yn blaen unwaith ac am byth nad oedd ganddi unrhyw ddiddordeb ynddo, ac na fyddai yn priodi neb arall ond Yann. Yr oedd tipyn o ofid arni nawr ynghylch Yann gan fod un o'r papurau Saesneg wedi cynnwys erthygl yn sôn am 'Collaborators' o Lydaw oedd wedi dianc i'r Iwerddon, ac ambell un efallai i Gymru. Roedd gohebydd y papur lleol, *County News*, yn galw heibio i Fryn Awelon yn rheolaidd i gasglu newyddion yr ardal, ac wedi crybwyll y mater wrth Tegwen. Dyna fyddai sgŵp, yn ei dyb ef, pe deuai o hyd i stori felly. Yr oedd Roy fel ffured yn crafu wrth dwll cwningen, a'i natur gynllwyngar yn fwy na pharod i amau eraill. Perswadiodd ei hun fod rhywbeth dan din yn mynd ymlaen ym Mryn Awelon, a'i ansicrwydd yn cosi ei groen fel pla o grafu.

Sylwodd yn y gyngerdd 'Croeso Adre' i Morfudd, Pen Cnwc, oedd yn y WRENS, fod Tegwen yn gwenu'n hapus ar bawb, ond pam mynd adref ar hanner y gyngerdd? Y hi a arferai fod yn geffyl blaen ym mhob croeso. Oedd, yr oedd rhywbeth anarferol yn mynd ymlaen ym Mryn Awelon. Wedi meddwl, anaml y gwelid Tegwen mewn pyliau o bryder ynghylch y fforiner y soniai gymaint amdano fel arfer. Tybed a oedd yna gariad newydd yn ei bywyd? Bu'r mater yn corddi drwy ei feddwl am weddill y gyngerdd. Penderfynodd alw heibio wrth fynd adref; efallai y deuai goleuni ar yr hyn oedd yn mynd ymlaen.

Nid oedd Roy Llewelyn am golli'r te croeso, gan fod menywod y pentref yn dal i lwytho'r byrddau er y dogni. Stwffiodd ei hun â chymaint o ddanteithion ag y medrai, cyn dringo'r rhiw am Fryn Awelon. Disgwyliai y byddai Tegwen yn y gwely.

Er syndod iddo, roedd drws y fferm yn ddatglo. Trodd y dwrn ac aeth i mewn yn syth i'r gegin. Yr oedd Tegwen a rhyw ddieithryn yn aros uwchben y stôf ym mreichiau ei gilydd. Aeth Roy yn benwan.

"A dyma beth wyt ti'n cwato. Y fforiner ... y blydi collaborator. Aros hyd nes caiff Ted Humphreys y *County News* glywed y stori."

Daeth ofn i lais Tegwen.

"Roy, pwylla. Dwyt ti ddim yn deall."

"Rwy'n deall dy fod yn blydi twyllo ar hyd yr amser."

Rhoddodd Yann ei fraich yn ôl am Tegwen.

"Ydi'r   bachgen   yma'n   dy   boeni,   Teg?"
"Na, na. Camddealltwriaeth, 'na'i gyd, Jaques."

Edrychodd Roy yn syn...

"Jac, nawr, myn yffach i. Sawl sboner sy gen ti, gwed?"

Gwelodd Tegwen y byddai'n rhaid darbwyllo Roy mewn rhyw fodd neu'i gilydd. Yr oedd yn berygl bywyd i Yann petai Roy yn dial arni, a rhoi'r stori i'r papur. Trodd at Yann:

"Cer i dy stafell, cariad. Mae gen i bethe i'w trafod gyda'm cymydog."

Nid oedd Roy wedi gwneud argraff ffafriol ar Yann.

"Wyt ti'n siwr, Teg?"

"Rhaid i Roy a mi ddeall ein gilydd. O'r arswyd, edrych ar y gloch. Roy, wyt ti'n fodlon dod nôl heb siarad â neb am heno? Wnei di, Roy?"

Roedd y meddwl cynllwyngar yn gweithio'n gyflym. Hmm. Faint tybed fyddai'n debyg o elwa?

"Wel, Roy?"

"O'r gore. Ond ddim rhagor o daflu llwch i'm llygaid."

"Dydw i ddim yn bwriadu gwneud. Diolch i ti. Nos da nawr."

Yr oedd Rachel Rhys a'i merch yn disgwyl Roy wrth y ford frecwast. Yr oedd y ddwy wedi setlo beth i'w ddweud wrth eu cymydog rhwystredig. Os oedd Roy Llewellyn yn barod i dderbyn na ddelai'r fferm Bryn Awelon iddo drwy briodas, yna fe gawsai'r cynnig cyntaf i brynu'r fferm pe gwerthid hi cyn, neu ar ôl, dyddiau Rachel Rhys.

Roedd hi'n amlwg fod amheuon yn ffyrnigo drwy ymennydd Roy. Nid oedd y teip i drystio neb.

"Stwffio gwellt i din... Ma' addewidion yn hawdd i'w torri."

Roedd Roy yn dal yn bwdlyd.

"I fi ma' Bryn Awelon i fod, roedd Dafydd Rhys wedi addo."

Roedd Rachel bron â cholli ei hamynedd.

"Y fi yw meistres y lle bellach, ac os nad ych chi am dderbyn y cynnig..."

Fel pob bwli, yr oedd ofn colli arno yn wyneb safiad Rachel Rhys.

"Wedes i ddim nad own i..."

Gwyddai Tegwen ei fod yn ysu am y fferm yn fwy na dim arall; yr oedd yn obsesiwn.

"Mae un amod fach, Roy. Dy fod yn anghofio dy fod wedi gweld y Llydäwr yma."

"Cadw dy Shoni Winwns. Y fferm sy'n bwysig i fi."

"Wyt ti'n derbyn y telerau, te?"

"Ond dim ond fel gwedsoch chi, Rachel Rhys. Mewn du a gwyn."

Aeth Roy allan gan gau'r drws yn glep ar ei ôl. Edrychodd y fam a'r ferch ar ei gilydd. Roedd tinc o dynnu coes yn llais y fam.

"Rwy'n ofni, Tegwen, mai ail sâl wyt ti i'r fferm yng nghalon dy gymydog."

"Diolch i'r nef am hynny. Rwy'n mynd i ddweud y newydd wrth Ya ... Jaques. Rhyfedd, Mam, fel ma'r enw yn llithro'n rhwydd dros fy ngwefus. O wel, ma' hyn yn dechre bywyd newydd."

Edrychodd Rachel Rhys ar ei hôl. Gobeithio'n wir y byddai i'r ddau fywyd didrafferth yn y diwedd.

PENNOD 10

Roedd pethau'n dechrau tawelu. Roy Llewelyn wedi derbyn y cytundeb cyfreithiol ac yn ôl pob tebyg, yn ddigon bodlon ar y fargen. Roedd Yann hefyd yn teimlo ychydig ysgafnach ei ysbryd. Er bod gorfod cuddio yn mynd o dan ei groen, yr oedd tawelwch Bryn Awelon wedi rhoi'r amser iddo i asesu ei sefyllfa. Gwyddai erbyn hyn, sut y bu iddo gael ei arestio mor ddisymwth, a'i gyhuddo o fod yn fradwr i'w wlad drwy gydweithredu â'r Almaenwyr. Yr oedd rhywun, neu rywrai wedi dweud wrth yr awdurdodau am ei gysylltiad â'r gohebydd Herman Otto ar y *Berlin Times* gynt, ac wedi eu gweld yn cwrdd yn Lyon. Cysylltiad hollol ddiniwed, wrth gwrs; gallasai hefyd fod wedi cael ei garcharu a'i ddedfrydu i farwolaeth am ei fod yn genedlaetholwr, gan fod llywodraeth Ffrainc yn chwilio am unrhyw esgus i daflu unrhyw un i garchar os nad oedd o'r un feddwl â hwynt. Ond nid oedd Yann yn fodlon tynnu Herman Otto i mewn i'r helbul, am iddo fod yn ffrind da iddo ym Merlin pan nad oedd yn nabod nemor neb yno. Wedi i bethau dawelu, fe gai afael ar ei ffrind, a byddai'r eglurhad o hen gyfeillgarwch yn ddigon i glirio'i enw. Ar y foment, doedd dim i'w wneud ond cuddio gan mai dienyddio gyntaf ac wedyn gofyn cwestiynau oedd polisi'r erlynwyr. Diolch byth fod ei ddau gyd-genedlaetholwr yn ddiogel yn yr Iwerddon, ac yntau yng Nghymru, lle'r oedd cydymdeimlad â'u safbwynt. Er bod ambell Gymro, hefyd, fel Llydäwr, yn barod i wthio cyllell i gefn y sawl oedd am ryddid. Rhaid iddo ofalu, felly, na chawsai ei ddarganfod. Dienyddio oedd ei ddedfryd o hyd, heb obaith am ail gyfle petaent yn dod o hyd iddo.

Daeth Tegwen yn ôl o'r pentref wedi ei chythruddo'n enbyd. Galwodd ar ei mam gydag emosiwn yn ei llais.

"Mam, bydd yn rhaid symud Yann ar unwaith."

Cydiodd Rachel Rhys yn dynnach yn y blocyn yr oedd ar ei luchio i'r tân.

"Beth? Rown i'n meddwl dy fod ti ac yntau yn hapus gyda'ch gily'?"

"Nid hynny, Mam. Roy Pwll Du sy'n meddwi bob nos."

Edrychodd ei mam yn graff arni. Un funud yr oedd mor hapus, a nawr roedd cuddio cymaint o gyfrinachau wedi bod yn ormod iddi hwyrach.

"Dere i eiste', Tegwen. Be sy gan Roy yn meddwi i neud â Yann?"

"Mae'n brolio mai fe fydd Meistr Bryn Awelon cyn hir."

"Ac rwyt ti'n credu bydd Yann yn ei goelio? Gad iddo frolio, ferch. Af fi ddim diwrnod ynghynt o'r hen fyd 'ma."

"Nid hynny. Galwodd Gwyn Bwtsiwr fi ato gynne. Fe ddwedodd fod Roy yn mynd o amgylch y pentre gan awgrymu fod 'na stori fowr yn ei feddiant, y bydde'r papure lleol yn falch o'i chael, a phapure Llunden yn falchach byth."

"O! Pwll Du yn mynd yn fwy na'i sgidie. Gad ti fe i fi, Tegwen."

"Thâl hynny ddim bellach. Mae'n meddwi bob amser o'r dydd nawr, a'r obsesiwn am Fryn Awelon yn cario'r dydd arno. Ym marn Gwyn, amser yn unig fydd cyn iddo arllwys ei gwd i glustie dideimlad."

"Beth yw'r ateb te?"

"Rhaid i Yann fynd i'r Iwerddon. Ar unwaith."

"Ond Teg fach, rown i'n meddwl eich bod am fod gyda'ch gily'?"

Roedd siom a thristwch yn llais Tegwen, ond penderfyniad hefyd.

"Dyw'r Iwerddon ddim mor bell â hynny. Ma'n well gen i wbod fod siawns i mi ei weld, hyd yn oed os ar adegau prin, na byw gyda chof yn unig pe bai llywodraeth Ffrainc yn cael eu bache arno unwaith eto. Mi ffonia i'r MacLochlins yn Nulyn. Mi fyddan nhw'n gw'bod am le diogel iddo. A gore i gyd po gynta."

Cytunodd Yann wedi clywed yr holl hanes, er mwyn Teg a'i mam yn bennaf. Nid oedd am iddynt gael eu cyhuddo mewn papurau newyddion o ymgeleddu un a gyhuddwyd yn fradwr yn ei wlad ei hun.

Llwyddodd Tegwen, drwy help Frances ac Ianto yn Abergwaun, i gael lle iddo ar long fyddai'n hwylio i Rosslare y noson honno. A daeth Gwyn Bwtsiwr unwaith eto a'i fan ar daith ddihangol.

Roedd ffarwelio yn anodd. Gwyddai Tegwen mai diogelwch Yann oedd y peth pwysicaf yn ei bywyd, ac y byddai ef yn hollol ddiogel wedi cael lloches gyda'i gyd-genedlaetholwyr. Ond sut oedd byw heb gynhesrwydd breichiau Yann?

Safodd yn hir ar y jeti yn Abergwaun, a'i meddwl mor ansefydlog â'r môr oedd yn malu ewyn yn ei dymer. Un dyn arall yn unig oedd yn sefyll yno. Ffarwelio â'i wraig, mae'n debyg, y ddau wedi croesi oed yr addewid. Daeth yn nes at Tegwen, gan fwrw ei law fel pe bai i atal y môr yn ei dymer.

"Stormus yw bywyd hefyd, merch i. Ond diolch byth nad yr Atlantic llydan fydd rhyngo i a Nora heno."

Yn sydyn daeth gwên o obaith i lygaid trist Tegwen. Cydiodd ym mraich yr hen ŵr.

"Diolch. Diolch. Rych chi wedi gwneud yr Iwerddon yn nes o lawer i fi."

Cododd ei llaw yn hyderus ar Yann. Gwaeddodd yn erbyn y gwynt:

"Mi ddof draw ... dof draw..."

Aeth adref yn hapusach ei meddwl. Dim ond rhai oriau wedi'r cwbl oedd o Abergwaun i Rosslare. Âi ati ar unwaith i wneud trefniadau.

Aeth y dyddiau ymlaen yn hwylus; Tegwen yn marcio pob dydd ar y calendr oddi ar i Yann adael, ac yn gobeithio y deuai'r cyfle cyn hir i ymweld ag ef. Daeth yn noswaith y gyngerdd 'Croeso Adref' arall, y tro hwn i Jos, Bwlch-y-domen oedd yn yr R.A.F. Cafwyd tipyn o hwyl. Tynnwyd y to pren i lawr fel arfer gan Benji a Jac a'u perfformiad o'r 'Gendarmes'. Y tro hwn, chwarddodd Tegwen gyda'r lleill.

Yr oedd er hynny yn anhapus ynghylch un person. Roedd Roy Llewelyn yn amlwg wedi cael mwy na digon o gwrw, ac yn gwneud mwy na digon o dwrw yng nghefn y neuadd. Tegwen fyddai fel rheol yn cadw trefn ar ambell un stwrllyd, ond teimlodd y byddai'n well iddi anwybyddu Roy rhag gwneud rhagor o helynt.

Llwyddodd i'w osgoi wrth fynd adref gan fod y car ganddi, ac fe ddaliodd ar y cyfle i roi lifft i Jeni, Tŷ Draw. Arhosodd i weld Jeni yn ddiogel yn y tŷ, yna trodd am Fryn Awelon. Rhoddodd gip ar y llo benyw dridiau oed. Byddai'n rhaid ei magu, roedd ei mam werth ei phwysau'n aur, yn godro chwe galwyn y dydd.

Aeth i'r tŷ. Roedd ei mam yn y gwely. Cwpaned bach sydyn o de, meddyliodd, a noswaith esmwyth o gwsg. Trodd i gloi'r drws, ond cyn iddi ei gyrraedd, agorwyd ef yn sydyn, a thwmblodd Roy i mewn i ganol y llawr. Roedd yn ymosodol o feddw. Ceisiodd Tegwen beidio â'i gynhyrfu.

"Sori, Roy, gwell i ti alw yfory. Rwy'i ar fin mynd i'r gwely."

"Hy, gwenu ar bawb heno ond y fi. A mynd nawr i'r gwely at y blydi fforiner 'na."

Gwnaeth ymdrech i gydio yn Tegwen, ond yr oedd hi yn rhy gyflym iddo. Roedd ei eiriau yn floesg.

"Dyw Roy Pwll Du ddim yn ffŵl. Fi sy bia'r ffarm 'ma. A fi sy bia ti. A chei di ddim gwerthu llo Seren i Dai Dealer..."

Treiodd Tegwen ymresymu ag ef.

"Dydw i ddim yn bwriadu gwerthu. Rwy'n gw'bod gwerth Seren. Rwy'n mynd i fagu'r llo i'w chadw."

Gwaeddodd Roy yn ei dymer a'i feddwdod.

"Ti'n deall dim am fagu lloi. Trio ca'l y fforiner 'na i redeg y ffarm. Ma Roy Pwll Du yn nabod dy dricie dan din di. Bydda i'n mynd at y Polis yfory. Fe gloian nhw fe lan – y blydi bradwr. Dyw e ddim yn mynd i ga'l i ddwylo ar y llo 'na. Rwy'n deall stoc. Cer i dynnu fe mas o'r gwely i fi ga'l gweud wrtho. Cer, galw ar Yann neu Jac, neu beth bynnag yw enw'r sbei. Mi ddangosa i iddo fe pwy yw mishtir y lle 'ma."

"Y fi yw'r feistres 'ma, Roy Llewelyn. A fi yn unig."

Trodd Tegwen. Roedd ei mam yn sefyll ar y grisiau yng ngogoniant ei dillad nos, ei gwallt hir yn hongian yn ddwy bleth bob ochr i'w hwyneb. Fel Boadicea. Doedd dim trugaredd yn ei hedrychiad. Roedd Tegwen am achub rhagor o helynt.

"Yn feddw mae e, Mam."

"Does yr un dyn meddw wedi cael llwyfan ar yr aelwyd

'ma erioed. Nawr, Roy, ewch adre."

"Cerwch i hôl y blydi fforiner. Rwy'i am ddod wyneb yn wyneb ag e."

Roedd tinc o fwynhad yn llais Rachel Rhys.

"Mi fydde'n dipyn o dric i chi groesi'r môr garw 'na heno, hyd yn oed pe bai cwch."

Roedd llais Roy yn groch.

"Croesi'r môr ... croesi'r môr..."

Safodd Rachel yn syth o flaen Roy Llewelyn, oedd yn dal wrth reilen y Rayburn rhag i'w goesau roi o dano.

"Rydych chi'n rhy hwyr â'ch bygythion. Ma' Yann yn ddiogel. Ewch adre. A pheidiwch â galw 'ma 'to, os na fyddwch chi'n sobor."

"Tric brwnt arall, ie? Ond dych chi ddim yn mynd i drechu Roy Pwll Du. Mi dala i'r pwyth, myn diawl i."

Cerddodd Rachel Rhys at y drws. Fe'i hagorodd led y pen.

"Nos da, Roy."

Agorodd Roy ei geg i ateb, ond sobrodd ychydig wrth weld yr edrychiad cadarn ar wyneb Rachel Rhys. Trodd at Tegwen. Ni wyddai ai atgasedd neu dosturi oedd ar wyneb honno. Baglodd allan gan fygwth, "Fe gaiff y fforiner 'na dalu, fe a'i blydi cyfrinache."

Gwnaeth Tegwen a'i mam baned. Roedd yn rhaid siarad. Wedi pwyso a mesur, daethant i un penderfyniad clir. Byddai'n rhaid trefnu i gael dyn profiadol i gymryd gofal o'r fferm. Yr oedd Tegwen yn bendant. Yann oedd yr unig berson yn ei bywyd hi, ac wedi i holl gyfrinachau'r rhyfel gael eu datrys, byddent yn priodi. Pwy a ŵyr? Efallai mai ffermio Bryn Awelon fyddai eu tynged yn y pen draw.

Deallodd Tegwen fod ei mam wedi bod yn siarad am drefnu rhywbeth yn debyg, gan y gwyddai y byddai hi'n hoffi ymweld â Yann yn fynych. Yr oedd Griff, brawd ei mam, wedi awgrymu ei fod yn adnabod mab i fferm fyddai'n fwy na bodlon cymryd drosodd dros dro, gan y byddai hynny yn ei alluogi i osgoi ymuno â'r fyddin. Wedi dadlau yn hir a fyddai hynny yn deg â'i mam, a chael ei sicrhau mai dyna oedd ei dymuniad, cytunodd Tegwen.

Yfodd y fam a'r ferch lwnc destun i'r dyfodol mewn te. Aeth Tegwen i'w gwely i freuddwydio, gan wybod fod y cyfle i fod nôl ym mreichiau Yann yn nes na'r disgwyl. Aeth Rachel Rhys i'w gwely, ond nid i gysgu am hydoedd. Yr oedd llais dialgar Roy Llewelyn yn dal i fygwth yn ei chlustiau.

PENNOD 11

Ni chafwyd rhagor o helynt gan Roy Llewelyn pan ddaeth Ifan, ail fab Llwyn Deri, i ffermio Bryn Awelon. Rhaid ei fod wedi rhoi'r gorau i chwenychu'r fferm. Nid oedd Tegwen rywsut yn medru derbyn eu bod wedi cael gwared o'i gynllwynio, ond yr oedd gwybod y medrai nawr fynd yn ôl a blaen at Yann yn sgubo pob dim arall o'i meddwl.

Ymhen mis, hwyliodd yn anturus i Rosslare. Roedd yr haul yn braf wrth adael arfordir Penfro, ac er mai blanced o rew gwyn â'i hwynebodd ar y ffordd i Ddulyn, ni oerodd y cyffro. Yr oedd yn mynd i freichiau ei chariad.

Bu'n wythnos fythgofiadwy, bwrlwm y croeso Gwyddelig yn tiwnio fel côr adar y gwanwyn mewn coedwig ddeiliog ar galonnau dau yn eu nefoedd fach. Yr oedd cenedlaetholdeb fel ail groen i'r Gwyddel, a'r Llydawyr oedd eisoes yno wedi integreiddio Yann i blith llu o gymeriadau yn nhafarnau Dulyn. Bu'r dyddiau o gerdded o amgylch y ddinas brydferth yn baradwys, a'r hwyrnosau yng nghynhesrwydd hiwmor iachus eu cyd-Geltiaid yn dâl llawn i Tegwen am y misoedd hir o ofid ynghylch diogelwch Yann. Yr oedd yr Iwerddon yn lle delfrydol i gadw cist o gyfrinachau o dan glo.

Trwy help ffrindiau, yr oedd Yann wedi cael ei draed tano mewn byr amser. Graddiodd mewn Gwyddoniaeth cyn troi ei law at newyddiaduraeth, ac yma yn Nulyn, bu yn ddigon lwcus i werthu erthyglau gwyddonol i 'Science Tomorrow', cymdeithas oedd â'i phencadlys yn yr Unol Daleithiau.

Yr oedd bywyd yn felys. Penderfynodd Tegwen a Yann dreulio penwythnos yn Donegal. Yr oedd Tegwen wrth ei bodd. Ble ar y ddaear oedd yn fwy tebyg i Gymru na gorllewin yr Ynys Werdd? Cawsant le dymunol i aros ynddo mewn gwesty uwchben y môr. Anghofiwyd y byd dros dro gan ddau enaid cytûn. Cerddent yn hamddenol o amgylch Gleann Cholm Cille; hamddena yng nghwmni cymeriadau, a siarad am Gymru a Llydaw. Gwnaeth Tegwen ei gorau glas i ddileu'r amheuon a ymlusgai weithiau i ddadleuon Yann. Yr oedd yn amlwg fod digwyddiadau anonest y rhyfel wedi difwyno gobeithion y bachgen disglair y syrthiodd hi mewn cariad ag ef ym Mharis cyn i Hitler ddryllio'r breuddwydion. Credai Yann, fel eraill o gyfeillion 'Breiz Atao', fod yr Almaen dros hunanreolaeth i Lydaw. Ond fel yr âi'r rhyfel yn ei flaen, sylweddolodd Yann mai byw mewn paradwys ffŵl oedd y Llydawyr a ddaliai i gredu hynny. Erbyn hyn, roedd yr Almaenwyr yn ochri gyda'r Ffrancwyr gan mai hynny fyddai o les iddynt pe baent yn colli'r dydd. Ac wedi meddwl nid oedd yr Almaen wedi cadw ei gair i un o'r cenhedloedd bach: rhoi'r Tyrol i'r Eidal; cau ffin yr Iseldiroedd rhag i'r Fflemiaid, oedd yn genedlaetholwyr, fynd yn rhy bwerus. Na, gweithio ei hachubiaeth ei hunan fyddai'n rhaid i Lydaw ei wneud. Yr oedd gan Yann arwyr o Gymru, megis Saunders, Valentine a D.J. – pobl oedd yn barod i sefyll yn gadarn dros eu daliadau. Byddai'n rhaid cynllunio'n ofalus ar gyfer y dyfodol, ac yma yn Donegal, yn y tawelwch ac yng nghynhesrwydd y gwerinwyr yn eu bythynnod gwyngalchog oedd yn wasgaredig fel madarch hud ar draws y wlad, yr oedd cael ysbrydoliaeth.

Ar un o'u crwydradau mynych, sylwodd Yann a Tegwen ar fwthyn hynod yn eistedd ar y bryn yn ei wisg wen, a'r haul yn tywynnu ar wydr ei ffenestr, fel pe'n ysgrifennu'r gair croeso mewn llythrennau aur arni. Roedd Tegwen am alw i ddiolch i'r bobl am y pictiwr o gartref. Cytunodd Yann ar unwaith; yr oedd yn dotio at frwdfrydedd ei gariad am yr adeilad syml. Oni fyddai'n nefoedd pe bai ef a Teg yn byw yn y fath le? Fe allai ysgrifennu wrth fodd ei galon yma, yn enwedig â Tegwen wrth ei ochr. Siomwyd y ddau wrth nesáu; nid oedd neb yn byw yno. Yr oedd y lle yn wag.

Yn y nos yn y gwesty, holodd Yann y cymdogion. Pam gadael y fath le delfrydol yn wag? Roedd y cymdogion fel arfer, ar draws ei gilydd gyda'u hatebion. Doedd y bwthyn ddim wedi bod yn wag ond am ryw wythnos gwta – y tenant wedi ei alw ar frys i ryw swydd arbennig yn Lloegr. Ond doedd dim rhaid gofidio y byddai'r lle yn wag yn hir gan fod y perchen yn rhentu'r lle allan yn rhesymol iawn. Ai i Wyddel yn unig, gofynnodd Yann. I unrhyw un â chalon at y lle, oedd yr ateb. Trodd Seamus O'Brian at Yann i'w annog i gael gair am y bwthyn a'i hanes gan y perchennog oedd yn eistedd yn y gornel. Craffodd y siaradwr fod llygaid Yann a Tegwen yn danfon negeseuon cyfrin i'w gilydd. Trodd Seamus ei fys ar y perchennog a daeth hwnnw draw i ymgomio. Cyn diwedd y nos, yr oedd Yann yn denant newydd i'r bwthyn.

Fedrai Tegwen yn ei byw gysgu cyn cael golwg arall ar eu bwthyn hud. Cerddodd Yann a hithau yng ngolau'r lloer i edrych ar y trysor. Teimlodd y ddau ramant a heddwch yn eu hamgylchu. Trodd Yann at Tegwen,

"Wyt ti'n credu, Teg, y mentraf demtio ffawd am yr eildro heno?"

"Mae'n dibynnu cariad, beth yw dy ddymuniad y tro hwn."

Tynnodd Yann Tegwen i'w freichiau. Gwenodd y lleuad ar y gusan hir.

"Wnei di fy mhriodi?"

"Wyt ti'n credu am foment y gadawn i ti fyw ar dy ben dy hun yn ein trysor o fwthyn?"

Daliodd y lleuad i wenu.

PENNOD 12

Er bod fflamau'r tân yn dafodau parablus, taflodd Rachel
Rhys flocyn arall arno. Yr oedd storm mis bach yn sgyrnygu
o amgylch y tŷ. Byddai'n falch i weld Tegwen yn dod
drwy'r drws; rhaid bod y môr a'i donnau heno yn uwch na
mynyddoedd y Preseli. Roedd Ifan, druan, wedi gwlychu hyd
at y croen wrth fynd i achub y ddafad oedd wedi anafu ei choes
ar y Rhos Goch. Chware teg iddo am fynd i gwrdd â'r cwch
yn Abergwaun heb gymryd amser i lyncu hyd yn oed paned
o de. Bendith arno. Yr oedd mor lwcus i gael un mor ifanc a
chydwybodol i redeg y fferm. Edrychodd i ganol dirgelion y
tân. Onid oedd bywyd yn rhyfedd? Anodd, ie, a phryfoclyd ar
brydiau. Ni fedrai beidio â gofidio am Tegwen. Pe bai bywyd
yn deg, byddai ei merch wedi ymserchu yn rhywun fel Ifan –
nid nad oedd Yann yn fachgen ffein – ond yr holl helbulon a
chyfrinachau. Roedd y dymestl yn ei bron yn eco o'r dymestl y
tu allan. Gwnaeth ymdrech i gau ei chlustiau rhag y ddrycin;
nid oedd dim i'w ennill drwy stori ofid. A phwy a ŵyr? Roedd
hen ben ar ysgwyddau Tegwen, falle ei bod hi a Yann wedi
cael amser i roi'r dyfodol mewn perspectif y tro hwn; y ddau
hwyrach wedi gweld fod pethau yn rhy anodd. Edrychodd y

fam yn hir i gochni'r fflamau.

O, mi fyddai'n falch i glywed llais Tegwen. Yn ôl y radio, yr oedd yn chwythu ceffylau gwynion anferth rhwng yr Ynys Werdd a Chymru. Ac nid oedd Tegwen wedi bod erioed yn rhy hoff o forio. Llithrodd ei meddwl yn ôl i'r noson pan ddaeth y gnoc ar y drws i ddweud fod Alun wedi ei saethu i lawr dros yr Almaen. Ysgydwodd ei phen yn drwsgl ... yr oedd ganddi Ffydd o hyd, os bosib...

"Hai, Mam."

Sbonciodd llais Tegwen i mewn gan ergyd y gwynt wrth iddi agor y drws.

"Os oes 'na gwrdd yn Salem heno, mi fetia i fod Enoc Sâr yn deffro'r pentre gyda'i 'Ar fôr tymhestlog teithio'..."

Roedd y storm yn llais Rachel Rhys.

"O nghariad fach i. Dere at y tân. Rwy'n siwr dy fod wedi blino. Fuest ti fowr o forwr erioed."

"Twt, twt, Mam. Mi ges i daith wrth fodd fy nghalon."

Edrychodd ei mam yn syn arni. Gwelodd y llawenydd yn dawnsio yn ei llygaid. Rhoddodd ochenaid dawel. Roedd hi'n amlwg fod 'na ddealltwriaeth rhwng Yann a Tegwen, ond nid i wahanu. Roedd hynny'n amlwg. Teimlodd Rachel ryw faich trwm yn eistedd ar draws ei mynwes. Efeilliaid – dau blentyn gorau yn y byd. Alun wedi ei ladd ... a nawr Tegwen... Sgwariodd ei hysgwyddau. Rhaid derbyn y drefn. Cododd i fynd i ail ferwi'r tegell.

"Mam, mae gen i newydd."

Roedd llais Tegwen yn tincial fel clychau Santa.

Roedd angen ychydig amser i feddwl ar ei mam.

"Paned yn gynta, Teg. Ble mae Ifan? Mae e'n haeddu pryd go iawn ar ôl yr helbul gyda'r ddafad. Fe yrrodd ar ras i dy ôl di, heb amser i ga'l hyd yn oed ddracht o de."

"Ma' Ifan wedi bwrw adre Mam. Wedi addo cwrdd â rhywun! Wejen siwr o fod wrth fel y sgathrodd e."

"Fe fydd rhyw ferch yn lwcus."

"Ond nid mor lwcus â fi, Mam."

Plannodd Tegwen gusan ar foch ei mam.

"Mae Yann wedi gofyn i mi ei briodi."

Crynodd y cwpan yn y soser wrth i Rachel Rhys ei estyn i'w merch, ond yr oedd ei llais yn llyfn.

"Dyna pam na welaist ti geffylau'r môr."

"O, Mam. Byddwn yn barod i wynebu unrhyw storom ond cael breichiau Yann amdanaf."

Teimlodd Rachel fel pe bai'r glaw oddi allan wedi tyllu drwy'r to ac arllwys yn oer ar draws ei chefn. Ond am eiliad yn unig. Lle bo cariad, gellir wynebu stormydd. Siglodd ei phen yn ddiamynedd. Pam oedd rhaid meddwl am stormydd ar noson o newyddion braf? Wedi'r cwbl, byddai'r rhyfel drosodd cyn bo hir, a Yann yn cael cyfle i glirio ei enw. A dod yn ôl i Fryn Awelon; priodi a byw yn barchus yng ngŵydd pawb. Ie, dyna'r ffordd oedd edrych arni.

Bu'r trafod yn hir rhwng y fam a'r ferch. Nid oedd Rachel Rhys wedi rhagweld priodas gynnar, ond wedi clywed fod Tegwen am fod wrth ochr Yann yn ei ddyddiau tywyll, am ramant y bwthyn, a gweld gwynfyd yn llygaid Tegwen, tawelodd y dadlau. Tawelodd y storm y tu allan hefyd, fel pe'n arwydd i weddw Bryn Awelon fod anawsterau bywyd hefyd yn gostegu. Gwyddai mai hanner gair yn unig o rwystr a fyddai angen ei ddweud cyn y byddai ei merch yn gohirio'r cyfan. Ond dyna'r peth diwethaf y byddai hi am wneud; roedd Tegwen wedi profi dyfnder ei theimladau tuag at Yann wrth wynebu'r perygl o'i gael allan o'r carchar. Yr oedd cariad felly yn haeddu'r parch uchaf.

Ond nid ym mynwes Rachel Rhys yn unig oedd amheuon. Yr oedd Tegwen hithau, am fod yn berffaith sicr ei bod yn gwneud yn deg â'i mam. Ond nid yw'r dderwen yn plygu'n hawdd mewn storm. Llwyddodd Rachel Rhys i argyhoeddi ei merch fod y fferm yn ddiogel yn nwylo Ifan Llwyn Deri. Yn wir, er mwyn argyhoeddi Tegwen, broliodd ei mam fod Ifan yn well ffermwr na fyddai Tegwen fyth. Gwyddai hi fod hynny'n berffaith wir, ac wedi deall fod Ifan yn fwy na pharod i aros hyd nes iddi benderfynu ar gynllun ei bywyd, ac yn wir yn barod i rentu'r tir os byth y byddent yn blino ar ffermio, aeth Tegwen yn hapus i'w stafell wely.

Dilynodd Rachel Rhys yn bwyllog. Yr oedd Tegwen wedi egluro ei bod hi a Yann wedi penderfynu, er diogelwch o leiaf hyd nes bod y rhyfel drosodd, mai gwell fyddai iddynt briodi yn syml, dawel, ac nid yn enw bedydd Yann, ond yn yr enw ddefnyddiai ar ffo, Jaques Goulet. Gan fod Teg yn hapus ar hyn, roedd ei mam yn fodlon cyd-fynd â'r syniad.

Ond nid oedd Rachel am i'r ardal wybod, er pe bai yn gwybod y sefyllfa, yr oedd y cymhlethdodau yn rhai digon naturiol. Ond o barch yn bennaf i goffadwriaeth ei gŵr a fu yn ddiacon a chodwr canu yn Salem, taw piau hi hyd nes i'r gwir ddod allan yn ei grynswth heb le i dafodau chwyrlïo fel melinau gwynt. Roedd Tegwen yn llygaid ei lle. Roedd hi'n amser rhyfel – amser cyfrinachau. Ac nid oedd y ddau yn gwneud cam â neb. Nodiodd Rachel Rhys ei bodlonrwydd yn y tywyllwch. Wedi'r cyfan, fel Jaques Goulet y cyflwynwyd Yann i Roy Pwll Du, ac ef oedd yr unig fwci bo i greu cynllwyn pe bai'n amau fod unrhyw beth allan o'i le.

PENNOD 13

Roedd cennin Pedr fel carped hud o flaen 'Grian ân Tulach' pan gyrhaeddodd Tegwen yn ôl i'r bwthyn yn wraig i Jaques Goulet. Bu'r seremoni syml yn ôl ei dymuniad ar Ddydd Gŵyl Dewi; uniad perffaith o ddwy galon a dwy wlad â'u traddodiadau yn berthnasol Geltaidd. Er bod cwmwl dedfryd o farwolaeth yn dal uwchben Yann, medrai fwynhau bywyd priodasol yn y llecyn delfrydol yn Donegal fel Jaques Goulet, hyd nes deuai'r amser i wynebu'r cyhuddiad yn ei erbyn. Yr oedd ei gydwybod yn glir; nid oedd erioed wedi peryglu bywyd unrhyw gyd-wladwr drwy gyfathrachu â'r Almaenwyr. Yr oedd ei gyfeillgarwch â Herman Otto yn mynd yn ôl i'r adeg pan oedd yn gweithio ar bapur newydd ym Merlin ac yn gwbwl amholiticaidd. Fe safai hyd angau at ei ddaliadau fel cenedlaetholwr, ac mi fyddai yn barod i ddadlau mewn llys am yr hyn a gredai, ond gwyddai fod cenedlaetholwyr eisoes wedi eu carcharu a'u saethu, yn unig am eu bod yn mentro bod yn genedlaetholwyr ac am hunanlywodraeth i Lydaw. Gwyddai pe na bai wedi ei achub o'r carchar, statistig yn unig fyddai erbyn hyn; yr oedd y ffaith fod ei enw ar restr a gafwyd gan y Polis, yn ddigon i'w gondemnio i farwolaeth heb sôn am ei ddal yn cyfeillachu gydag Almaenwr. Yr oedd y ffaith hefyd fod André, er yr holl chwilio, wedi methu dod o hyd i gysylltiad â Herman Otto er mwyn clirio'r dystiolaeth o'r cyfeillgarwch, yn tystio fod yr awdurdodau wedi danfon Herman yn ddigon pell, i wneud esiampl o'r cenedlaetholwr Yann Pondaven.

Fel yr âi'r misoedd yn eu blaen, roedd y newyddion o'r Cyfandir yn awgrymu fod y Cynghreiriaid o'r diwedd yn dechrau cael yr afael uchaf ar Hitler. Roedd tawelwch Donegal hefyd wedi rhoi'r amser i Yann i feddwl. Gwyddai nad ar fyr siarad y deuai hunanlywodraeth i Lydaw. Hyd yn oed ynghanol yr ymrafael presennol roedd Llywodraeth Ffrainc yn pasio deddf i ddiddymu'r Llydaweg yn yr ysgolion, gan wahardd cyhoeddi llyfrau yn yr iaith. Yr oedd yr un styfnigrwydd yn erbyn hawliau Llydaw yn codi, fel y gwnaeth yn 1939 ar ddechrau'r rhyfel a fu'n gymaint o sbardun iddo ef a'i gyd-genedlaetholwyr. Roedd y rhwystrau yn gwneud Yann yn fwy teyrngar fyth, ac unwaith fod y rhyfel drosodd ac yntau yn ddyn rhydd unwaith eto, byddai'n rhaid mynd ati o ddifrif i gadw diwylliant ei wlad yn fyw. Yr oedd yr hyn a wnâi Llywodraeth Ffrainc yn llofruddio cenedl. Cododd ei ddwrn yn yr awyr. Gyda Tegwen wrth ei ochr, fe allai ymladd pawb.

Gwelodd Yann Tegwen yn dod yn sionc lan y lôn. Aeth ati â'i galon yn cyflymu; yr oedd rhyw syndod neilltuol yn y llygaid a wenai arno.

"Hylo, cariad. Beth wyt ti wedi bod yn neud? Llio'r hufen o ben y botel laeth?"

"Rhywbeth gwell o lawer, Yann. Ca'l anrheg gan Dr MacLaren."

"Dr Mac. Yr hen ddewin 'na. Llymeitian yn ei ogof smyglo, iefe? Dylsen ddweud yn syth wrth fois y tollau."

"Paid ti â mentro – wel, hyd nes bod yr anrheg yn saff, ta p'un..."

"Mor arbennig â 'na ydy hi? Wel, dere â'r gyfrinach."

Yr oedd yr hapusrwydd ar wyneb Tegwen yn ei ddallu.

"Rwyf am i ti a Dr Mac yfed iechyd da i'n mab, o wisgi nerthol ei ffau smyglo."

"Fydda i ddim yn gyfrifol ar ôl y stwff 'na. Be... be... wedes di? Mab! O Teg... Teg..."

Cydiodd Yann yn ei wraig i'w chofleidio'n dynn. Ni fedrai ddod o hyd i eiriau. Bu'r dyddiau dilynol, fel yr wybren uwchben 'Grian ân Tulach', yn dawel digwmwl. Weithiau byddai'r mab yn Brif Weinidog Llydaw; dro arall yn Brif Weinidog Cymru. Neu ferch. Prif Weinidoges yn bendant yn ôl Tegwen; Yann yr un mor bendant mai Tywysoges fyddai eu merch honedig. Roedd helyntion yr Ail Ryfel Byd wedi eu sgubo o'r neilltu fel dail crin o flaen corwynt direswm.

Roedd haul Awst yn machlud fel pelen sgarlad wrth i Yann a Tegwen ddod lawr, law yn llaw, dros y bryn tu cefn i 'Grian ân Tulach'. Erbyn hyn roedd y ddau yn hanner rhedeg, hanner cerdded. Yr oedd Yann, pan ar gopa'r bryn, wedi gweld dyn yn cerdded i gyfeiriad y bwthyn. Un o'r cymdogion, debyg, yn troi i mewn am sgwrs. Yr oedd y gymdeithas yn un glos, a phawb yn galw i mewn yn ddiseremoni. Wrth droi gyda chornel y bwthyn, safodd Yann yn ddisymwth a bloeddio "André".

Yr oedd llygaid Tegwen yn serennu hefyd – o syndod a chroeso. André yma. Cofiodd am adeg o bryder. Ac am adeg o lawenydd. Trodd André gan ddod at Yann a Tegwen. Bu'r croeso yn frwd a thwymgalon.

Ynghanol y llawenydd a'r holi a'r croesholi, gwyddai André y byddai'n rhaid iddo dorri'r newydd yn bersonol iddynt. Mi wyddai ef sefyllfa'r pâr ifanc yn well na neb. Ac yr oedd Yann a Tegwen wedi dioddef un ergyd ar ôl y llall. A nawr ergyd arall eto. Erbyn hyn yr oedd yn sicr ei bod hi'n gynllwyn gan y 'Conseil de Libération' i alltudio Herman Otto fel na allai dystio yn erbyn y dystiolaeth i ddedfrydu Yann i farwolaeth. Pe bai ond wedi llwyddo i ddod o hyd i'r Almaenwr!

Gwelodd eto falchder yn wyneb y ddau wrth ddatgelu eu cyfrinach ynglŷn â'r babi. Ond roedd rhuddin dur yn y ddau. Gyda Llywodraeth newydd efallai y deuai amser i ymresymu.

Ymateb cyntaf Yann pan glywodd fod ei gefnder Jaques yn fyw ac yn iach wedi'r cwbl, oedd llawenydd am fod Anti Avril wedi cael ei mab yn ôl, nid yn gorff ond yn fyw. Yr oedd, mae'n debyg, wedi ei restru gyda'r colledigion am ei fod wedi ei glwyfo ym mrwydr Rouen. Cafwyd hyd iddo gan ryw ffermwr, a chael lloches ganddo hyd nes iddo ddeall fod gobaith trechu Hitler, ac iddo fentro yn ôl adref. Ac yn nhyb André, er na ddywedodd hynny wrth Yann, ei fod yn meddwl ei hunan yn dipyn mwy o arwr nag ydoedd. Gwyddai André ei fod eisoes yn chwilio i mewn i'r ffaith fod y Llywodraeth wedi atafaelu stadau Yann a'i deulu, ac mai ef fyddai'r etifedd pe bai rhywbeth yn digwydd i'w gefnder. Ni fu André erioed yn hoff o Jaques, ond teimlai fod y rhyfel wedi ei wneud yn galed ac yn hollol hunanol hyd yn oed at ei dylwyth. Bu'n holi'n gynllwyngar ar hyd a lled Morbihan ynghylch gweithgareddau Yann yn ystod y rhyfel. Nid oedd ganddo ronyn o ddiddordeb mewn cenedlaetholdeb. I'r gwrthwyneb. Gwawdiai'r bobl hynny oedd yn gwastraffu eu hamser yn ymhél â phethau fel llyfrau a diwylliant. Roedd ei fam, sef modryb Yann, wedi dweud wrtho fod Yann wedi gorfod dianc i Gymru, a hyd y gwyddai André, nid oedd yn gwybod ei fod wedi gorfod symud i'r Iwerddon. Rhaid oedd ei rwystro ar bob cyfrif rhag iddo ddarganfod hynny.

Diolchodd Yann yn wresog iawn i'w ffrind am ddod â'r wybodaeth iddynt. Roedd hi'n bolisi da bob amser i hogi arfau cyn wynebu'r gelyn. Ond pa elyn? Be fedrai Jaques wneud yn ei erbyn? Yr oedd ef bellter daear i ffwrdd ac yntau, Yann, yma ynghanol ffrindiau a llonyddwch eu tir. Yr oedd Yann yn siwr yn ei feddwl na fyddai gan Jaques fawr o ddiddordeb yn ei drafferthion ef. Nid oedd Jaques wedi ymddiddori yn ei fywyd ef erioed, ar wahân i'w alw yn gachgi pan oedd Yann, ar ddechrau'r rhyfel, yn dosbarthu posteri dros 'Breiz Atao', yn annog cenedlaetholwyr i adnabod Llydaw yn wlad ar wahân ac i wrthod ymuno â'r rhengoedd Ffrengig. Hwyrach fod ei gefnder wedi dysgu erbyn hyn na ddeuai help i Lydaw oddi wrth unrhyw lywodraeth Ffrainc. Hwyrach, wedi ei brofiad anlwcus yn y rhyfel, y gellid gwneud arwr ohono. Roedd gwir angen rhyw Saunders, neu Valentine neu D.J. ar Lydaw.

Ceisiodd liniaru ei feddyliau cymysglyd. Estynnodd ei freichiau i dynnu Tegwen ato. Teimlodd hithau ysgryd yn rhedeg drwy ei chorff.

"Yann?"

"Ie, cariad."

"Wyt ti'n sylweddoli mai gwraig Jaques Goulet wyf i, a bod hwnnw'n byw yn Llydaw, a finne yma ym mreichie Yann Pondaven yn..."

Gwthiodd ei phen i'w gesail.

Gwyddai Yann, er bod Tegwen yn smalio siarad yn ysgafn, fod 'na ofnau yn torri trwy'r ymdrech. Caeodd ei freichiau yn dynn amdani.

"Does dim eisie gofidio, cari bach. Yn y breichie 'ma fyddi di, waeth beth yw'r enw. Yma, yn 'Grian ân Tulach', ein haul ni ar fryn, ni all neb ddod i dy dreisio."

PENNOD 14

"Peint arall! Heddi, nid fory!"

Roedd y llais yn ddiamynedd. Trodd y landlord arno'n fibslyd.

"Ydy'r anfarwol darw Hereford wedi damshged ar dy gyrn, Roy Llewelyn? Ma' orie cyn stop tap."

Cydiodd Roy yn y gwydr gan draflyncu'r ddiod fel camel yn niffeithwch y Sahara yn cyrraedd oasis. Yr oedd gweld Ifan Llwyn Deri yn yfed yno gyda'i gyfeillion wedi ei gynddeiriogi. Berwai o atgasedd at Ifan ers iddo ddechrau gweithio ym Mryn Awelon. Ef ddylai fod yno yn edrych ar ôl y lle. Fe gai Llwyn Deri weld pwy oedd y ffermwr gorau pan fyddai ef yn berchen y lle. Roedd Ifan â'i gyllell ynddo bob amser. Brolio nawr ynghanol y ffermwyr am y mart heddi debyg iawn. Roedd Ifan yn gwybod ei fod ef â'i lygad ar yr anner Fyrgorn. Dim ond y nhw eu dau oedd yn ymgiprys yn y diwedd. Do, fe gynigiodd Ifan bris y tu hwnt i bob rheswm er mwyn ei guro.

Taflodd arian ar y cownter.

"Peint arall!"

Daeth bachgen ifanc dieithr i aros wrth y bar yn ei ymyl. Roedd yn ddigon serchog. Rhoddodd hanner gwên i Roy.

"Noshweth dda."

Arhosodd Roy ar hanner yfed ei gwrw. Roedd yr acen yn hynod. Roedd wedi clywed acen fel yna o'r blaen. Crafodd ei ben. Jiawl, wrth gwrs. Sboner Tegwen – y fforiner. Ond nid yr un un oedd hwn. Beth oedd hwn yn ei neud fan hyn 'te?

Aeth Roy yn nes at y dieithryn.

"Nosweth dda. Roy Llewelyn odw i."

"A Jaques Goulet yw f'enw i."

Edrychodd Roy arno'n syn.

"Rwy'i wedi clywed yr enw 'na o'r bla'n. Rwyt ti o wlad y Shoni Winwns."

"Siwr iawn. Ond dim winwns heno."

Roedd busnesa yn ail natur i Roy Llewelyn. Roedd 'na rywbeth oboitu'r boi 'ma.

"Fuodd un o'r Shonis 'ma sbel nôl."

"Tybed? Rwy'n chwilio am Yann fy nghefnder."

"Jiawl, 'na beth od. Yann oedd hi'n arfer galw 'i sboner. Ond Jac Goulet oedd hi'n galw hwn dda'th draw."

"Ydych chi'n nabod y Jaques 'ma?"

"Dydw i ddim am ei nabod e. Ro'dd Tegwen a fi yn deall ein gily' cyn iddo fe ddod."

"Ah ... ie, Tegwen. Ble mae Yann ... y ... Jaques 'ma? Mi glywes i fod e 'ma yng Nghymru."

"Wedi baglu oddi 'ma. Dros ei ben mewn trwbwl, wedwn i."

"Ond i ble aeth e? Mae'n bwysig 'mod i'n dod o hyd iddo."

"Wn i ddim. I'r Iwerddon debyg. Dyna lle mae pawb yn dihangyd."

"Ble yn yr Iwerddon?"

Yr oedd y llais yn gynhyrfus. Yr oedd gan Roy Llewelyn reddf cynllwyniwr. Roedd dirgelwch fan hyn, meddyliodd.

Falle fod y dyn dieithr yn chwilio am ei gefnder, ond nid o garedigrwydd tuag ato. Fe allai Roy roi ei fywyd ar hynny. Roedd y bygythiad creulon yn y llygaid yn argoeli trafferth i sboner Tegwen. Oni bai am Shoni bob enw 'na, mi fyddai ef yn berchen Bryn Awelon erbyn hyn. Os oedd rhywbeth a fedrai ei wneud i gynhyrfu'r dyfroedd. ... Gwaeddodd ar Ifan:

"Beth wyt ti'n yfed, Ifan?"

Trodd Ifan ei ben mewn syndod. Ie, iddo ef yr oedd yn gofyn.

"Diolch Roy. Ond rwy'i gyda ffrindie..."

Nid oedd Roy am golli'r cyfle i gael hanes Jac ganddo.

"Dere draw am eiliad, w. Rwy'i am godi bys bach i'r anner Shorthorn 'na brynest ti. Ma' gyda ti lygad craff."

Roedd Ifan yn dal yn ansicr.

"Dere mla'n w. Rwy i am i ti gwrdd â chefnder sboner Tegwen."

Daeth Ifan yn bwyllog tuag at y ddau. Nid oedd am fod yn anghwrtais o flaen y bachgen dieithr.

"Rown i newydd ddweud wrtho fod Tegwen wedi mynd i roi tro am ei chariad ... i'r Iwerddon. Pwy ran wedes di yn union odd hi?"

"Wedes i ddim."

"Ond rwyt ti'n gw'bod. Ma' Rachel Rhys yn cael llythyron, glei. Mae'n bwysig i'w chefnder gael ei gyfeiriad."

Ymyrrodd Jaques.

"Mae gen i newyddion pwysig oddi wrth y teulu iddo."

"Dydw i ddim yn gwybod. Glen rhywbeth neu'i gilydd. Pam nad ewch chi i ofyn i mam Tegwen? Fe allai hi roi'r cyfeiriad llawn i chi."

Roedd Jaques yn gwybod nawr mai yn yr Iwerddon oedd Yann.

"Rydych chi wedi bod yn garedig, Monsieur. Fydd dim angen poeni mam Tegwen. Mae cwch yn gadael heno am yr Iwerddon."

Roedd Roy Llewelyn yn siwr erbyn hyn fod y Llydäwr yn cario bwledi i'w saethu pan ddeuai o hyd i'w gefnder. Roedd ef yn fwy na bodlon, felly i'w helpu.

"Dere, Shoni. Bydd yn bleser ga'l mynd â ti i ddal y fferi."

PENNOD 15

Cynhyrfai ymennydd Jaques Goulet mor aflonydd â'r môr wrth iddo groesi o Abergwaun i Rosslare. Roedd Jaques wedi bod yn gynllwyniwr ar hyd ei oes, ond ar ôl ei flynyddoedd yn y fyddin roedd ei falchder i allu trechu pawb yn dod o flaen popeth arall. Roedd yr atgasedd tuag at y ffermwr ifanc, Ifan, yn dal i'w gorddi. Gwyddai hwnnw fwy nag a ddywedodd. Lwc iddo gwrdd â'r ffermwr arall cenfigennus. Boi wrth fodd ei galon, yn barod i roi cyllell yng nghefn ei gefnder Yann. Gwenodd Jaques i ewyn ei ddiod. Roedd ef, Yann, wedi bod yn ddraenen yn ei ystlys erioed; ei guro ym mhopeth, mwy o sgolor, mwy cyfoethog ac yn fwy deniadol gan ferched. Ond nawr, pwy oedd yn ben? Nid oedd Yann yn ddim bellach ond bradwr yn ei wlad ei hun. Gwyddai pe bai yn gwrando ar reswm, mai'r peth diwethaf yn y byd i genedlaetholwr fel Yann fyddai bradychu ei genedl. Ond nid oedd am wrando ar reswm; dyma gyfle gwych i daro dyn ar lawr, ei unig siawns i drechu ei gefnder. Onid oedd wedi ymladd am y fath gyfle, a doedd neb yn mynd i'w rwystro. Doed a ddelo, fe fynnai ddod wyneb yn wyneb â'i gefnder. Galw ei hunan yn Jaques Goulet ... y snichyn ... Dwyn popeth oddi arno ar hyd ei oes, a nawr dwyn ei enw. Cnociai cenfigen fel buddai gorddi drwy ei ben.

Syllodd Jaques Goulet i'r tonnau nerthol â llygaid sbeitlyd. Fe ffeindiai ei ffordd i ddod o hyd i'r Jaques Goulet oedd wedi dwyn ei enw – fe a'i gyfrinachau. Sut? Safodd yn syth ar y dec. Yr oedd, onid oedd, wedi dod nôl yn fyw ar ôl cael ei restru'n farw, neu ar goll yn jargon y fyddin? Gorchwyl bychan fyddai dod o hyd i gachgi oedd wedi dwyn enw dyn parchus, a ffoi â'i gwt rhwng ei goesau. Cenedlaetholwr, wir! Yr oedd yn amlwg fod Llydaw yn ysu am ladd Yann a'i ddaliadau ffroenuchel.

Trodd a throdd ei gynlluniau yn ofalus. Byddai'n rhaid iddo fod yn gyfrwys. Y ddau genedlaetholwr oedd eisoes yn yr Iwerddon oedd yr unig rai i'w arwain at Yann. Byddai'n rhaid iddo egluro mai cenedlaetholwr rhonc oedd yntau, ac yn weithiwr caled dros ryddhau Llydaw o afael Ffrainc. Chwarddodd wrtho'i hun. Yr oedd yn hoff o dwyllo pobl. Ac yr oedd yn hollol ffyddiog y byddai pawb yn Nulyn yn adnabod y ddau genedlaetholwr, Emile a Yoann, pobl fusneslyd felna oedd y Gwyddelod, meindio busnes pawb. Roedd *Le Matin* a'r *Petit Parisien*, y papurau newyddion gartre yn drwch o'r hanes. Mater bach i rywun o'i allu ef fyddai cael gafael ynddynt yn Nulyn.

Aeth at y bar i gael gwydraid arall. Roedd 'na fachgen ifanc pengoch, wedi cael gormod o gwrw, wrthi'n arwain y canu a'i wydr yn wag. Roedd wrthi yn ceisio cael trefn ar ganu 'Hen Wlad fy Nhadau'.

"Codwch y jawled! Ein hanthem genedlaethol, w."

Ymunodd ambell un yn y geiriau. 'Gwlad ... gwlad ... pleidiol wyf i'm gwlad...'

Ah, meddyliodd Jaques. Dyma wir genedlaetholwyr. Od fod Cymru a Llydaw â'r un tôn i'w hanthem. Ni ffwdanodd Jaques erioed i ddysgu'r geiriau Llydaweg, ond gwyddai ambell i air. Pe bai yn dangos diddordeb, tybed a fyddai hynny yn ei arwain at ei darged? Gallai roi cynnig arni. Canodd â'i holl egni:

"Tra ma vo mor 'vel mur'n he zro,

Ra, vezo digabestr ma Bro..."

Trodd yr arweinydd ato fel tarw yn gweld cadach coch.

"Beth yw shwt eirie anweddus â 'na, y slobyn. Gneud sbort o'r geirie Cymrag. Fe ddysga i ti barchu..."

Cododd ei ddwrn yn fygythiol, ond fe'i ataliwyd rhag taro. Cydiodd un o'r ffrindiau ynddo.

"Gad lonydd, Gareth. Ma'r boi yn 'i le. Canu'n Llydaweg mae e."

"Be? Llyd ... Llyd ..."

Roedd y ddiod yn lafoer ar dafod Gareth yr arweinydd.

"Beth yw shwt eirie felna?"

"Yr un anthem sy gyda nhw, Gareth. 'Bro Goz Hon Tadou'."

"Wel, cefen y saint!"

Aeth Gareth at Jaques gan ysgwyd ei law bron allan o'i soced.

"Come on, Shoni boyo. Have another."

Treuliodd y ddau weddill y fordaith yng nghwmni ei gilydd. Yr oedd Jaques wedi taro'r targed. Roedd ei ffrind newydd, Gareth, yntau ar ei ffordd i Ddulyn, yn genedlaetholwr brwd ei hunan, ac yn ymfalchïo am fod Jaques yn cymryd gymaint o ddiddordeb ynddo. Roedd ganddo ffrindiau ymhlith y cenedlaetholwyr Celtaidd ym mhob man a chyn cyrraedd Rosslare addawodd y gwnâi bopeth yn ei allu i gael gafael yn yr Emil a'r Yoann y soniai ei gyfaill newydd amdanynt, gan ei fod yn adnabod dinas Dulyn yn o lew.

Bu cystal â'i air. Wedi noson fawr yng nghlwb Mulligan, yn llyncu un Guinness ar ôl y llall, dyma Gareth yn arwain

Gwyddel bach cnotiog, parablus, gerfydd ei glust at Jaques. Seamus MacCoy, un o gymeriadau lliwgar Dulyn. Seamus 'Rhadell' i bawb gan fod pob math o atebion yn rhidyllu dros ei dafod. Gellid ysgrifennu'r hyn na wyddai am glecs y ddinas ar stamp post.

Wedi yfed llwncdestun i bawb a phopeth, soniwyd am y ddau Lydäwr oedd yn y ddinas. Wrth gwrs ... wrth gwrs ... Bois y capiau cwta duon – y berets. Dim problem. Roedd Seamus yn gwybod lle byddent yn cyfarfod ganol dydd – y Ballybough, gyferbyn â lôn Windmill. Byddent yno yn bendant – peth anghyffyrddus oedd corn gwddw sych yn rhygnu heb ei iro. Byddai'r ddau yno nawr yn sicr.

Yr oedd Emile a Yoann yn hynod falch o gwrdd â chyd-Gelt, yn enwedig un a oedd â chymaint o gydymdeimlad â'r Cenedlaetholwyr nôl gartref. Rhyfedd na fyddent wedi cyfarfod mewn rhai o'r cyfarfodydd yn Llydaw. Ei golled ef oedd hynny, brysiodd Jaques i ddweud, gan ei fod allan o'r wlad yn aml yn rhinwedd ei swydd. Tynnwyd y siarad am Yann Pondaven. Yr oedd yn amlwg fod ganddynt barch mawr iddo. Siaradodd Jaques yn uchel iawn amdano hefyd. Yn wir, yr oedd yn berthynas iddo ac wedi addo i'w fam y byddai, os medrai gyrraedd yr Iwerddon, yn cysylltu ag ef, a dwyn negeseuon teuluol iddo.

Erbyn hyn, yr oedd pawb yn neidio dros ei gilydd i'w helpu i gyrraedd y bwthyn bach 'Grian ân Tulach'. Casglwyd mapiau a dewiswyd y ffordd orau i gyrraedd pen draw Donegal. Pawb yn gytûn ei bod yn andros o daith i rywun nad oedd yn gyfarwydd â heolydd troellog a charegog yr Ynys Werdd. Ond cyn i Jaques Goulet roi ei ben ar obennydd y noson honno, yr oedd pob darn o'r jig-so yn gorwedd yn ei le, ac o wthio Jaques o un cerbyd i'r llall, deuai'r pumed ag ef i bentref Gleann Cholm Cille. Pawb yn hapus iddo gael ei big i mewn yn rhywle i helpu'r dieithryn, a'r dieithryn ei hun yn methu'n lân a choelio ei lwc.

PENNOD 16

Yn 'Grian ân Tulach' yr oedd y pâr ifanc wedi llwyddo i roi'r wybodaeth syfrdanol fod Jaques Goulet yn fyw y tu cefn iddynt. Wedi'r cyfan, roedd Jaques filltiroedd i ffwrdd, a'r rhyfel i bob pwrpas ar ben. Byddai llywodraeth newydd yn Ffrainc, ac amser yn unig a fyddai cyn i Yann gael cyfle i glirio ei enw.

Yr oedd Yann ar ben ei ddigon. Ei erthyglau yn gwneud argraff gynhyrfus yn America, a gwelai y byddai iddo eto le yn y byd gwyddonol. A'r wyrth amhrisiadwy. Clywai eto lais gorfoleddus y fydwraig Bidi O'Hara yn gweiddi 'Mab... Mab...' nes bod muriau'r bwthyn yn siglo, a Tegwen mewn dagrau o lawenydd wrth glywed sgrech gyntaf y bychan. Ie, noson i'w chofio. A nawr, eu mab Morlais bron yn dri mis oed. Pwy fedrai fod yn isel ei galon?

Yr oedd un cwmwl ar y ffurfafen. Roedd Tegwen newydd gyrraedd yn ôl o Fryn Awelon ac wedi darganfod fod ei mam wedi cael trawiad ar ei chalon ryw dair wythnos ynghynt. Nid oedd Rachel Rhys am gyfaddef fod dim o'i le, ond yr oedd yn amlwg i Tegwen nad oedd yn ei hwyliau gorau. Mynnodd fynd i weld y meddyg teulu. Oedd, yr oedd ei mam wedi cael trawiad ar y galon, ond gyda gofal ni ddylid pryderu gormod. Yr oedd Rachel o gyfansoddiad cryf, ac ond iddi gadw ei hun yn dawel a phwyllog, fe allai weld llawer blwyddyn eto. Bu'r newydd yn pwyso'n drwm ar Tegwen. Tybed a oedd gorfod byw drwy'r holl gyfrinachau diweddar wedi effeithio ar ei mam? Mi fyddai'n rhaid cadw llygaid barcud arni, a'i darbwyllo i gymryd pethau'n hamddenol. Y peth hanfodol i wneud oedd mynd ati ar unwaith i geisio dod o hyd i Otto Herman, a chlirio enw Yann. Yr oedd ei mam wedi dotio ar fod yn fam-gu, ond oherwydd ei natur gynhenid biwritanaidd nid oedd yn fodlon i Forlais ymddangos yn y pentref hyd nes i'r cymhlethdodau ynglŷn â phriodas Tegwen a Yann gael eu datrys. Nid oedd Tegwen wedi sylweddoli maint ei phryder ynghylch gorfod cadw'r holl gyfrinachau a ddeilliodd o'r ddedfryd ar Yann. Erbyn hyn gan fod y rhyfel i bob pwrpas ar ben, mi fyddai'n haws mynd yn ôl yn aml i Fryn Awelon. Cai Tegwen gydymdeimlad llwyr Yann, a'r ddau yn rhagweld diwedd ar eu hunllefau cyn bo hir.

Byddai Yann yn cyfrif ei fendithion bob bore, ac yn enwedig felly'r bore hwn. Safodd yn nrws yr ystafell yn edrych i mewn ar y pictiwr. Yr oedd wedi ei wefreiddio. Morlais bach ym mreichiau Tegwen a hithau'n canu iddo:

"Gee ceffyl bach yn cario ni'n dau,

Dros y mynydd i hela cnau;

Dŵr yn yr afon a'r cerrig yn slic,

Gwympon ni'n dau. Wel dyna chi dric."

A'r bychan wrth ei fodd pan oedd ei fam yn siglo a smalio syrthio.

Daeth Yann o'r tu cefn iddynt gan guro dwylo.

"Hwre! Ond cofia, cariad, rhaid i'r trysor glywed canu Llydaweg hefyd. Beth os mai Llydaw gaiff senedd o flaen Cymru?"

Yr oedd hon yn jôc yr oedd y ddau yn mwynhau ar bob cynnig.

"Bydd rhaid i ti drefnu fod rhagor o ganeuon tebyg yn Llydaweg 'te. Ond mi gana i un sy'n dod i'r cof. Wyt ti'n cofio ni'n dau yn canu 'War Bont An Naoned' yn eistedd ar bont Nantes penwythnos y gynhadledd 'Bleun Brug'?

P'edon war bont an Naoned,
En deiz all o kana

Me gweled eur yaouank
Hed ar ster o ourla,
En deiz all o kana
Dige don lon la."

Tynnodd Yann y fam a'i fab i'w gôl. Aeth ei feddwl yn ôl dros y blynyddoedd cynt. Pam oedd yn rhaid cael rhyfel? Pam na fedrai pawb gyfrif eu bendithion? Yr oedd ef mor lwcus.

"Teg, Mae'r newyddion yn galonogol. Meddylia ... pan fydda i yn rhydd... y ti a fi yn gweithio ochr yn ochr i gael statws parchus i'n gwledydd. Roedd sawl un yn Llydaw wedi gobeithio y byddai'r Almaen yn ein helpu i annibyniaeth. Ond lles ei hunan oedd ganddi mewn golwg."

Yr oedd Morlais bach yn cysgu'n ddiniwed. Ond yr oedd ofnau yn dal i aflonyddu Tegwen. Nid oedd Ffrainc wedi dysgu dim. Llofruddio enaid cenedl oedd hi yn 1939, a dyna oedd hi y llynedd bron ar ddiwedd y rhyfel. Beth arall ond llofruddiaeth cenedl oedd gwrthod dysgu'r iaith yn yr ysgolion, gwahardd argraffu a gwerthu llyfrau yn y Llydaweg, gwahardd amser ar yr awyr i'r Llydawyr siarad yn eu mamiaith? Roedd Tegwen yn falch fod Yann yn dal yn gadarnhaol ynglŷn â'r pethe; rhaid wrth ddyfalbarhad os am argyhoeddi'r llywodraeth na ellir lladd balchder cenedl fechan yn ei diwylliant a'i thraddodiadau.

Roedd meddyliau Yann yn amlwg ar yr un trywydd. Tynnodd ei law yn ysgafn dros rudd y baban.

"A phwy yn well na Morlais i gadw'r faner ddu a gwyn i chwifio dros Lydaw?"

"Paid byth ag anghofio'r ddraig, Yann. Mae hi'n gallu poeri tân."

Yr oedd Tegwen newydd ddod i'r tŷ ar ôl bod â Morlais am dro. Aeth ati i drefnu'r blodau ar y bwrdd cinio. Yr oedd yr haul yn dawnsio ar donnau ei gwallt. Carlamodd calon Yann. O, roedd yn dlws. Cododd i blannu cusan ar ei gwefus. Trodd Tegwen lygaid direidus arno.

"Wyt ti wedi bod yn gwneud rhywbeth o'i le pan own i allan 'te?"

"Cusan i'r wraig berta yn y byd."

"Wel, basned o gawl Cymreig yw'r unig ddiolch gei di heddi, cariad. Does gen i ddim amser. Hei! Os taw cnoc ar y drws oedd hwnna, hanner basned 'te, os oes rhywun arall i ginio."

Chwarddodd Yann yn hapus wrth fynd i ateb y drws. Ond yr oedd yr "O" a syrthiodd i glustiau Tegwen yn boen noeth. Rhoddodd gipolwg heibio i'r palis. Nid oedd yn adnabod y dieithryn oedd yn sefyll yno. Synhwyrodd fod rhywbeth mawr o'i le. Clywodd galedwch y llais:

"Wel, wyt ti'n gofyn i mi ddod mewn, fy annwyl gefnder?"

Cefnder? Gadawodd Tegwen y llwy bren i gwympo ar y lliain. Gadawodd staen salw. Teimlodd eiriau yn twmblo'n boeth dros ei gwefus...

"O, na. Plîs...na..."

Daeth llais Yann yn ddi-liw.

"Dere miwn, Jaques."

Hofranodd llaw Tegwen rhwng basin pridd a basin pren am eiliad neu ddwy, cyn dewis y basin pren a rhannu'r cawl rhwng tri. Cydiodd yn y cosyn caws gan dorri sleisen arall a gadael cyllell i bawb helpu ei hunan am ragor. Taflodd olwg ar y cefnder; roedd ei lygaid yn syllu'n nwydus trwyddi. Nid oedd yn deimlad cyffyrddus. Daeth cadernid yn ôl i lais Yann.

"Dewch. Cinio ac yna cawn siarad."

Ni fuont yn hir wrth ginio. Braidd cyffwrdd â'u bwyd wnaeth Yann a Tegwen, ond yr oedd Jaques yn amlwg yn mwynhau ei hunan. Yr oedd Tegwen yn falch i fynd â'r llestri allan i'w golchi. Yr oedd llygaid Jaques yn ei gwneud yn anesmwyth. Trodd Yann at ei gefnder.

"Wel, Jaques, pam wyt ti yma?"

"Meddwl bod yn glefer, o'et ti? Dwyn y'n enw, a meddwl y gallet ti gladdu'r Jaques Goulet iawn am byth."

"Nid fel 'na fuodd hi, Jaques. Rhaid oedd imi adael y wlad ar fyr rybudd. Roeddet ti yn ôl pob golwg wedi dy ladd."

"Bradwr. Yn ceisio byw yn barchus yn fy enw i."

"Wnes i ddim cam â thi, ond os wyt yn credu y dylwn dy ddigolledu mewn rhyw fodd..."

"I fi ddylse dy stad di fynd, nid i'r llywodraeth."

"Rwy'n fodlon arwyddo'r stad i ti, Jaques, ar yr amod dy fod yn cadw fy nghyfeiriad yma yn gyfrinach hyd nes mod i'n clirio fy enw. Sut ddest ti o hyd i'r lle?"

"Ma gen i ffyrdd, gefnder annwyl. Fedri di ddim o'i lordio hi arna i bellach. 'Da fi mae'r chwip nawr."

"Beth yw dy gynllunie? Wyt ti am aros yma?"

"Rwy'n aros yn y gwesty ar y bryn. Rwy'n mynd nôl 'na nawr. Rwy i am amser i feddwl, fy hoff gefnder."

Cododd Jaques ar ei draed i fynd, ond yr oedd wedi

meddwl cael cip arall ar y wraig. Roedd hi'n werth ei gweld. Teimlodd yr hen gasineb a chenfigen at ei gefnder, yn mynnu denu'r rhai pertaf bob amser. Roedd yn hen bryd iddo roi Yann yn ei le. Daeth syniad i'w ymennydd cynllwyngar. Beth petai...?

Trodd at Yann.

"Rwy'n gweld dy fod wedi priodi."

"Ydw."

"Yn fy enw i debyg?"

"Wel, ie, dros dro."

"Pishyn bach siapus."

"Gad ti Tegwen allan o hyn."

Roedd llais Yann yn siarp. Gwenodd Jaques. Ah! Ei fan gwan e!

"A'r babi hefyd?"

Plygodd uwch y crud.

"Beth yw'r enw?"

"Morlais".

Crechwenodd Jaques ar yr enw gyda rhyw fodlonrwydd creulon.

"Morlais Goulet yn swnio dipyn yn well na Morlais Pondaven."

Aeth at y drws gan ledchwerthin wrth droi yn ôl.

"Wyddost ti Yann, rwy'n credu ei fod e'n edrych yn debyg i fi. Mae'n wyrth – cael gwraig a mab ar ôl dod yn fyw o farw."

PENNOD 17

Ni chafodd Yann a Tegwen fawr o gwsg drwy'r nos. Anodd oedd dygymod â'r ffaith fod Jaques Goulet wedi disgyn ar eu pennau mewn llecyn mor ddelfrydol, fel rhyw anifail ysglyfaethus i reibio eu hapusrwydd. Ceisiodd Yann esbonio i Tegwen mai un gwyllt ei dymer fu ei gefnder erioed, a byddai wedi ymbwyllo, a dod yn ôl i ymddiheuro heddiw. Ond nid oedd Tegwen yn rhy siwr. Yr oedd ganddo lygaid anifail nwydus.

Daeth Yann i'r gegin wedi gwisgo i fynd allan, yn cario bwndel o lythyrau.

"Gwell i fi bicio i'r Swyddfa Bost â'r rhain. Fydda i fawr o dro."

"Beth am dy gefnder ... tae e'n dod yma?"

"Na, rwy'n nabod Jaques. Amser cinio yw ei amser brecwast e. Mi fydda i nôl cyn iddo hyd yn oed godi."

"Bant â thi 'te. Rwy'i am roi'r golch 'ma mas. Mae 'na awel iachus."

"Cymer ofal, cariad. A rho gusan i Forlais bach drosta i pan ddihuna."

"Cer nawr. Ac fel y bydde mam-gu yn arfer dweud – 'dere

nôl cyn bo ti yna os gelli di'!"

Cusanodd Yann ei wraig, ac aeth allan yn frysiog â hir gam. Byddai'n rhaid rhoi Jaques yn ei le yn nes ymlaen.

Yr oedd yr awel yn fwy chwareus nag oedd Tegwen wedi ei rhagweld. Roedd hi'n dipyn o frwydr i angori'r gynfasen olaf ar y lein ddillad. Wrth ymladd i roi'r peginau yn sownd, teimlodd yn sydyn rhyw anesmwythyd, fel petai rhyw lygaid dirgel yn ei gwylio. Trodd yn ofnus, a chyn iddi gael cyfle i gamu yn ôl, roedd Jaques Goulet wedi ei thynnu i'w freichiau ac yn ceisio troi ei hwyneb tuag ato. Rhoddodd Tegwen sgrech. Nid oedd am i'r swch rywiol gyffwrdd â'i gwefusau. Rhoddodd ei hatgasedd greddfol at y dyn y nerth iddi ymladd fel teigres i'w rhyddhau ei hun o'i grafangau. O Dduw ... ble oedd Yann?

Yn sydyn, clywodd ergyd dwrn Yann yn disgyn ar ên ei gefnder, cyn iddo gael ei lusgo at iet y clôs. Roedd wyneb Yann fel gwyngalch y bwthyn.

"Beth 'nath e i ti, Teg?"

"Rwy'n iawn, rwy'n iawn, Yann. Mi wyddwn y byddet ti'n dod."

Gwasgodd Yann ei wraig yn dynn i'w freichiau cyn troi at Jaques. Roedd ei lais fel cloch ia.

"Paid rhoi dy fysedd brwnt i gyffwrdd â ngwraig i byth eto."

"Y ngwraig i yw hi ... gwraig Jaques Goulet."

"Gwell i ti fynd Jaques, tra galli di. Fyddwn i fawr o dro yn dy roi ar wastad dy gefn. Falle wedi i ti ddod at dy synhwyre, y medrwn ni drafod pethe. Byddaf yn y gwesty ar ôl cinio."

"Dere â'r pishyn siapus 'na gyda ti te. A'r bastard bach ... Morlais ... Morlais Goulet."

Trodd yn ôl wrth fynd allan i'r ffordd gan ddweud gyda malais yn ei lais,

"Fy mab i yw e yn ôl y gyfraith."

Caeodd breichiau Yann yn dynn am Tegwen yn eu hofnau a'u dagrau.

Wedi trin a thrafod eu sefyllfa yn ofalus, gwelodd y ddau na fedrent ddiogelu eu cyfrinachau ond gyda chydweithrediad Jaques. Sylweddolent fod y sioc o ddod yn ôl o ymladd, a chael fod ei gefnder wedi dwyn ei enw, yn byw ei fywyd yn ei le fel y tybiai, wedi ei gynhyrfu. Y peth gorau felly oedd i Yann fynd i'r gwesty a cheisio perswadio Jaques mai rhywbeth dros dro yn unig oedd hyn, ac nad oedd mewn unrhyw ffordd yn bychanu ei gefnder.

Beia Yann ei hun na fyddai wedi talu mwy o sylw i rybuddion André. Efallai mai cael ei ddwylo ar stadau Yann oedd uchelgais ei gefnder ac wedi ei droi yn rhyw fath o anghenfil. Clymodd Tegwen ei dwylo am wddf Yann.

"Rho unrhyw beth iddo. Unrhyw beth. Dim ond iddo ein gadael ni fel teulu bach yn ddiogel yn ein lloches."

"Gwnaf, cariad, gwnaf. Ond broliwr fuodd e' erioed. Ewyn a dim sylwedd. Paid â gofidio rhagor. Cer â Morlais allan i'r ardd. Dydy'r byd ddim yn edrych mor dywyll pan fo'r haul yn gwenu."

Cerddodd Yann i fyny'r rhiw i'r gwesty, gan droi a throi yn ei feddwl sut oedd y modd gorau i drafod Jaques. Roedd car yn sefyll yn ei unfan yn y lôn gyferbyn â 'Grian ân Tulach'. Fel rheol, byddai Yann yn mynd allan o'i ffordd i gyfarch cymdogion, ond yr oedd ei feddwl heddiw ar ei gefnder. Pan gyrhaeddodd y gwesty, cafodd ei siomi; yr oedd Jaques wedi hurio car a mynd allan am dro. Gwahoddwyd Yann i eistedd. Ni fyddai yn hir. Nid yw'r Gwyddel erioed wedi deall hanfod amser. Rhoddodd Yann ei bwys i lawr am ychydig. Byddai'n hoffi cael pendraw ar y busnes er mwyn gweld gwên ar wyneb

Tegwen unwaith eto.

Yng ngardd y bwthyn yr oedd Tegwen yn syllu â chariad mam, ar wyneb y mab bach yn cysgu'n ddiniwed yn ei grud. Edrychodd arno'n hir; yr oedd yn bictiwr. Aeth ei meddwl at Yann. Yr oedd wedi cyrraedd y gwesty erbyn hyn. Mynnai gredu y cawsai ef berswâd ar ei gefnder, y diafol yn unig a fedrai sarnu hapusrwydd ei theulu bach.

Roedd y dillad yn sychu'n braf, a pherarogl y blodau yn glynu wrth y llieiniau. Casglodd hwynt i'r wyntell. Âi â nhw i'r tŷ yn barod i'w smwddio. Rhoddodd gip ar Morlais wrth basio; yr oedd yn cysgu fel angel.

Yr oedd Jaques Goulet wedi bod yn gwylio'r bwthyn ers amser. Gwelodd ei gyfle. Roedd y baban ar ei ben ei hun. Daeth allan o'r tu ôl i'r llwyni lle bu'n cuddio. Cerddodd yn ddi-sŵn dros y glaswellt, cododd Morlais yn ofalus rhag ei ddihuno. Gweithiai fel lleidr, ac roedd yn ôl yn y car mewn eiliadau.

Clywodd Tegwen sŵn cerbyd yn cychwyn. Rhedodd i weld beth oedd y twrw. Gwelodd gar yn ei heglu hi lawr y lôn − nid ar y ffordd dramwy arferol, ond yr hewl droellog, garegog oedd yn arwain ar hyd y Rhos. Trodd Tegwen i fynd at y crud. Nid oedd y stŵr, diolch am hynny, wedi dihuno'r bychan. Safodd. Yr oedd y crud yn wag. Parlysodd ei holl gorff. Oerodd ei gwaed. Y car! Rhoddodd waedd gan redeg lawr y lôn garegog yn ddall o ddagrau. Gwyddai mai cam gwag oedd hyn. Trodd yn ei hôl gan redeg lan y rhiw i'r gwesty. Yr oedd Yann wedi blino disgwyl i'w gefnder ddychwelyd, ac yn dod allan o'r libart. Brawychodd wrth weld Tegwen. Ble oedd Morlais? Roedd rhywbeth ofnadwy wedi digwydd.

Er bod Tegwen yn aneglur yn ei hofn a'i sioc wrth ddisgrifio'r hyn a ddigwyddodd, gwyddai Yann heb unrhyw amheuaeth mai ei gefnder yn unig fedrai fod tu cefn i'r digwyddiad. Cipio Morlais er talu'r pwyth i Yann. Gwyddai fod Jaques erioed wedi bod yn genfigennus ohono. Ond hyn! Rhaid bod yr hyn a ddigwyddodd iddo yn y rhyfel wedi effeithio ar ei feddwl. Ni chredai er hynny y gallai niweidio'r baban bach. Na, lladrata i sgorio pwynt, a hwyrach i gael Yann i arwyddo ei holl eiddo iddo.

Daeth y plisman pentref yn hamddenol ar ei feic, ac wedi deall y sefyllfa'n glir, cafwyd help eraill. Cytunai pawb fod y dihiryn yn gofyn am drwbwl wrth yrru car ar hewl mor droellog a charegog; cert asyn yn unig oedd yn ddiogel ar y fath lôn.

Daethpwyd o hyd i'r car wedi troi trosodd ar gornel serth. Ni ddylai fod wedi bod yn ddamwain angheuol. Ar wahan i fân friwiau, nid oedd fawr o'i le ar Jaques Goulet. Ond yr oedd Morlais bach yn gorwedd lathenni i ffwrdd – yn gorff, wrth ymyl carreg enfawr. Taflwyd ef allan wrth i'r car ddymchwel gan nad oedd wedi ei sicrhau yn ddiogel yn ei sedd i wrthsefyll y fath daith droellog. Tystiodd Dr Maclaren fod yr ergyd wedi ei wneud yn anymwybodol yn syth, ac nad oedd wedi dioddef dim poen.

Bu Tegwen yn hir cyn derbyn yr hyn a ddigwyddodd. Methai, hyd yn oed, gariad a thynerwch Yann dorri trwodd i ryddhau ei thristwch a'i sioc. Cerddai o amgylch â'i llygaid yn syllu heb weld dim. Ond gofalodd y Gwyddelod eu bod yn taenu eu cydymdeimlad a'u cynhesrwydd fel blanced enfawr dros y pâr anffodus yn 'Grian ân Tulach'.

Gwrthododd Yann ddwyn achos yn erbyn ei gefnder ac fe lwyddodd i gael perswâd ar y Polis mai mater teuluol oedd y cyfan. Cytunodd Tegwen heb fawr o ddiddordeb fel pe baent yn trafod rhyw achos dibwys fel defnyddio beic heb olau coch.

Ei chariad at Yann yn unig a'i chynhaliodd yn y dyddiau oedd mor ddu â phe bai wedi ei charcharu yng nghrombil pwll glo.

Aeth Jaques Goulet yn ôl i Lydaw. Ni fyddai'n dda iddo aros yn hwy. Yr oedd y Gwyddelod am ei waed.

PENNOD 18

Daeth André i ymweld eto â 'Grian ân Tulach', am ei fod yn pryderu ynghylch diogelwch Yann. Clywodd gan gyfeillion 'Breiz Atao' fod Jaques Goulet wedi cyrraedd yn ôl yn Llydaw o'r Iwerddon, a'i fod yn bygwth datgelu cyfeiriad ei gefnder i'r awdurdodau. Gwyddai André fod yn rhaid rhybuddio Yann ar unwaith gan mai de Gaulle oedd pennaeth y llywodraeth dros dro yn Ffrainc, ac yr oedd de Gaulle wedi datgan yn groyw fod, efallai, rywfaint o esgus dros y cenedlaetholwyr oedd yn credu mewn hunanlywodraeth, ond yr oedd y sawl a gyhuddwyd o gydweithio â'r Almaenwyr – y *Collaborateurs* – yn fradwyr ac i'w dienyddio.

Er eu holl ymdrechion, methiant fu ymdrechion André a'i gyfeillion i ddod o hyd i Herman Otto. Nid oedd amheuaeth ym meddwl André bellach nad oedd wedi ei alltudio yn fwriadol – hyd yn oed o bosib wedi ei anfon i un o wersylloedd yr Almaen. Heb dystiolaeth Herman Otto o blaid Yann, yr oedd bywyd ei gyfaill mewn gwir berygl. Ac amser yn unig fyddai cyn i Jaques Goulet fradychu ei gefnder i'r awdurdodau. Byddai'n rhaid, a hynny ar frys, i Yann ddianc o'r Iwerddon.

Sylweddolodd André fod yr ergyd o golli Morlais wedi

gadael ei ôl ar Yann a Tegwen, ac na fyddai'n hawdd ennyn diddordeb i symud i unlle. Roedd y trychineb wedi gadael eu bywydau mor wag â phlisg cnau mewn stordy gwiwerod.

Ar ôl i Tegwen fynd i'r gwely, ceisiodd André argraffu ar Yann y pwysigrwydd o symud i le diogel cyn i'w elynion gael y cyfle i'w ail-gipio i'r carchar. Ond yr oedd Yann yn ddiysbryd. Pa le oedd yn ddiogel? Ni fedrai fynd yn ôl i Lydaw, ni fedrai fynd i Gymru, a nawr, ni fedrai aros yn yr Iwerddon. Yr oedd Jaques Goulet fel fwltur ysglyfaethus yn hofran uwchben ei ben ym mhobman.

Awgrymodd André y dylai fynd i'r Amerig. Yr oedd eisoes yn danfon erthyglau gwyddonol i 'Science Tomorrow', mi fyddai'r pencadlys fan honno yn fwy na bodlon i'w dderbyn. Gwelodd André fflach o ddiddordeb am eiliad yn ei lygaid, ond buan y diflannodd.

"Na, André. Bydde'n amhosib i Tegwen fynd mor bell o Gymru a'i mam yn y cyflwr y mae, ac wedi gwaethygu ar ôl y sioc o golli ei hŵyr."

Yn y diwedd, gorfod i André ildio ceisio ei berswadio ac aeth y ddau i'r gwely.

Roedd y bore dilynol yn braf, a'r wlad o amgylch 'Gleann Cholm Cille' wedi gwisgo ei dillad dydd Sul. Gwahoddodd André Tegwen i gerdded gydag ef am dro i gopa'r bryn. Cytunodd o gwrteisi yn fwy na diddordeb. Wedi cyrraedd bron i'r copa heb fawr o siarad rhyngddynt, daeth André o hyd i foncyff. Trodd at Tegwen.

"Gawn ni eistedd am ychydig?"

Nodiodd Tegwen ei phen yn ufudd. Gwyddai André fod yn rhaid iddo rywfodd ei pherswadio i wynebu'r sefyllfa beryglus yr oedd Yann ynddo. Trodd ati:

"Ydych chi'n dal i garu Yann?"

Gwelodd las ei llygaid yn tywyllu gan syndod.

"Wrth gwrs."

"Yn ddigon i'w adael i fynd i ffwrdd i'r Amerig?"

"Byddwn yn dal i garu Yann ym mha wlad bynnag y byddai."

Teimlodd André ei fod o'r diwedd wedi setlo'r broblem. Ail adroddodd yr hyn yr oedd ef a Yann wedi ei drafod neithiwr. Dywedodd wrthi yn blwmp ac yn blaen mai mynd i'r Amerig oedd unig obaith Yann o ddal yn fyw. Yr oedd André yn sicr fod gan Yann ddiddordeb i fynd yno, yn enwedig pe bai yn medru gweithio'n rheolaidd i 'Science Tomorrow', ond yr oedd yn bendant mai gwrthod a wnâi os na fedrai Tegwen hefyd fynd. Y broblem fawr oedd sut i'w argyhoeddi fod yn rhaid iddo fynd os oedd am fyw.

Daeth fflach i lygaid Tegwen, o'r un penderfyniad gwrol a welodd André y tro cyntaf iddo ei chwrdd. Yr oedd yn gwybod am ei dewrder ar hyd yr amser. Penderfynasai Tegwen beth oedd yn rhaid iddi ei wneud er mwyn achub bywyd Yann. Cododd gan afael ym mraich André.

"Dewch, André. Mi wela i fod 'na ffordd i berswadio Yann i fynd i'r Amerig."

Ar ôl cinio, dywedodd André ei fod am fynd am dro i'r pentref. Cynigiodd Yann fynd gydag ef, ond awgrymodd ei gyfaill y carai fod ar ei ben ei hun am ychydig. Heb yn wybod i Yann yr oedd am roi cyfle i Tegwen geisio darbwyllo ei gŵr i symud i ddiogelwch. Gwyddai na fyddai hynny'n hawdd, ond yr oedd edmygedd André o Tegwen a'i didwylledd yn gwneud iddo fod yn ffyddiog y byddai iddi lwyddo.

Disgwyliai Tegwen hithau am y cyfle, gan ei bod wedi penderfynu ar gynllun na fyddai'n hawdd i Yann ei wrthod. Aeth i'r gegin lle'r eisteddai ei gŵr â llyfr yn ei law, ond gwelodd nad oedd yn ei ddarllen. Tynnodd gadair i eistedd gyferbyn iddo.

"Rhaid i ni siarad, Yann."

Edrychodd ef yn graff arni. Nid oedd wedi clywed y fath gadernid yn ei llais ers colli Morlais.

"O'r gore, cariad. Be sy'n dy boeni?" Daeth y geiriau yn gras.

"Rwyf ... am i ni wahanu."

"Cari bach, beth yw hyn?"

Cododd Yann ac ymestynnodd i'w chymryd yn ei freichiau, ond rhoddodd Tegwen ei llaw allan i'w atal. Pe bai yn ei chyffwrdd nid oedd yn siwr y medrai gario allan ei phenderfyniad.

"Ryn ni wedi bod yn temtio ffawd – byw dan ormod o gyfrinachau – y ddedfryd, y symudiadau, yr enwau ffug, y briodas..."

"A dyna dy ddymuniad – gwahanu?"

Bu'n rhaid i Tegwen aros am eiliad i lonyddu'i llais.

"Ie, Yann."

"Wyt ti'n gwybod beth wyt ti'n gofyn, Teg? Sut medra i fyw hebddot ti?"

Edrychodd Tegwen i'r pellter er mwyn osgoi ei lygaid.

"Ma' gen ti dy waith, Yann. Pam na ei di i'r Amerig? – bydde'n gyfle gwych i ti."

"Ydy André wedi gofyn i ti fy mherswadio? Edrych arna i, Teg."

Gwyddai Tegwen fod yn rhaid iddi drechu ei theimladau ar unwaith a bod yn greulon.

"Does gan André ddim i neud â hyn. Rown i wedi penderfynu mai gwahanu fydde ore i ni cyn i André gyrraedd. Mi ... Mi ddwedes wrth mam y byddwn yn dod nôl adre..."

Yr oedd poen a siom a chwerwder yn ymateb Yann.

"Man a man i fi fynd i'r Amerig 'te. Gore po bella o dy ran di, mae'n amlwg."

Plygodd Tegwen ei phen rhag iddo weld y dagrau yn ei llygaid.

"Dim ond hyd nes bod dy enw wedi ei glirio, Yann."

Nid oedd Tegwen yn siwr a oedd wedi ei chlywed. Cerddodd allan heb ddweud gair ac i fyny'r bryn. Dilynodd llygaid Tegwen ef, drwy ei dagrau, hyd nes iddo fynd o'r golwg dros y copa.

Bu Yann yn ymladd brwydr galed yn nhawelwch bro hyfryd Donegal. Ni chlywsai gân yr adar, na miwsig soniarus nant, dim ond curiadau ei galon yn arafu ac arafu wrth ddygymod â'r gwacter a fyddai ei fywyd o golli Tegwen. Gwyddai y byddai'n rhaid iddo ei gadael yn rhydd, nid oedd yn deg gofyn iddi i ddal i fyw o dan gysgod cyfrinachau a allent gael eu datgelu unrhyw ddydd gan ei gefnder. Cyn iddo wanhau a newid ei feddwl, cerddodd yn ôl i'r pentref, ac aeth i gysylltu â swyddfa 'Science Tomorrow'. Bu'r rheiny mewn cysylltiad â'r penaethiaid Americanaidd. Yr oedd ei weledigaeth wyddonol wedi creu cyffro eisoes, ac fe gafodd sicrwydd ar unwaith y byddai'r ffordd yn glir iddo i fynd i'r Amerig i weithio.

Cerddodd yn ôl i 'Grian ân Tulach' yn gymysglyd ei feddwl. Yr oedd o leiaf wedi llwyddo i roi ei hunan-barch yn ôl i Tegwen. Yr oedd hefyd, fwy na thebyg, wedi achub ei fywyd ei hun. Ond nid oedd hynny fawr o bwys bellach.

Ni fu fawr o siarad dros y bwrdd swper, pawb ynghlwm yn ei feddwl personol. Tegwen yn gweddïo'n fud am nerth rhag iddi neidio i freichiau Yann. André â'i lygaid yn neidio o un i'r llall, gan obeithio gweld rhyw arwydd fod Tegwen wedi cael perswâd ar ei gŵr i symud i ddiogelwch yr Amerig. A Yann?

Neidiodd ar ei draed. Roedd ei lais yn hollol ddi-liw.

"Mae'n amlwg fod dau Jaques yn y gornel fach hon o'r byd yn fwy na all neb ei ddiodde'. Felly, er plesio pawb, mae un ohonynt ar fyr rybudd yn ymfudo i'r Amerig."

Daeth gwên o ryddhad dros wyneb André. Ond arhosodd cyfrinachau calonnau Yann a Tegwen ynghudd; nid oedd yr allweddi ar gael i'w hagor.

PENNOD 19

Nid oedd lle bellach i deimladau ffug yn y bwthyn bach a fu gynt yn baradwys yn Gleann Cholm Cille, un o bentrefi prydferthaf Donegal. Rhaid oedd cydweithio'n ymarferol er mwyn gwneud yn sicr fod Yann allan o'r wlad cyn i Jaques Goulet gael y cyfle i wthio'r gyllell yn angheuol i'w gefn. Cafwyd y dogfennau angenrheidiol at ei gilydd yn wyrthiol, ac yr oedd presenoldeb André yn ei gwneud hi'n haws i Yann a Tegwen ffrwyno eu hemosiynau.

Daeth y dydd i wahanu. Yann i'r Amerig; Tegwen yn ôl i Gymru. Safai'r ddau gan guddio eu poen; Tegwen yn derbyn y boen am ei bod wedi llwyddo i achub bywyd Yann; Yann yn derbyn y boen am ei fod wedi llwyddo i roi i Tegwen y rhyddid a geisiai. Ffarwelio o gariad nid o chwerwder.

Gofalodd André gloi'r drws. Rhoddwyd yr allweddi yn ôl i'r perchennog, ac aeth y tri ohonynt i Ddulyn cyn troi pob un i'w ffordd ei hun. Hwyrach y byddai iddynt gwrdd eto pan fyddai'r cyfrinachau oll wedi eu datrys. Dyna'r meddyliau a'u cadwodd i fynd.

Aeth bywyd yn ei flaen. Yr oedd Rachel Rhys yn falch fod ei merch wedi dod adref unwaith eto, a gofalai Tegwen mor gydwybodol amdani rhag iddi orweithio a chael trawiad arall ar y galon. Yn rhy gydwybodol, gan nad oedd bellach yn mynd allan i gymysgu â neb. Rhaid oedd ei chymell yn awr i fynd i'r partïon a'r cyngherddau mynych a ddigwyddai i ddathlu diwedd y rhyfel o Fai 25 ymlaen. Cytuno i wahanu oedd yr unig reswm a roddodd am iddi ddychwelyd i Fryn Awelon ar ei phen ei hun. Nid oedd am i'w mam holi gormod arni; gwyddai nad oedd eto yn barod i ddatgelu cyfrinach ei chalon.

Nid oedd Roy Llewelyn, Pwll Du, wedi newid dim; yr oedd byth a beunydd yn aflonyddu ar Tegwen. Credai fod ganddo siawns go dda bellach i'w phriodi a chael cymryd drosodd Bryn Awelon. Galwodd heibio yn llawn o hunanbwysigrwydd un diwrnod. Gwnaeth ymdrech i afael ynddi, ond cafodd hwb go bendant.

"Dere, dere. Nawr fod y fforiner wedi dy dowli, gwell i ti fod yn neis i fi."

Chwipiodd geiriau Tegwen yr olwg fawreddog.

"Tae'r fforiner wedi fy nhowli i'r ffos, bydde'n well gen i bydru yno na chael dy ddwylo budr di i fy nghodi. Paid byth â galw 'ma 'to. Does dim croeso i ti."

Agorodd y drws iddo fynd. Aeth allan â gwên y diafol ar ei wyneb. Daeth dagrau hiraeth am freichiau diogel Yann i'w llygaid. Clywodd sŵn ei mam yn dod lawr y grisiau. Sychodd ei llygaid llaith yn frysiog â llawes ei ffrog.

"Pwy oedd 'na, Tegwen?"

"Neb. Roy Llewelyn, Mam. Neb."

Bu un ymwelydd digroeso arall. Daeth cnoc ar y drws ac aeth Tegwen i'w ateb. Safai Jaques Goulet yno. Yn ei sioc, methodd Tegwen â chael gair allan, a cherddodd Jaques heibio iddi i mewn i'r gegin. Yr oedd wedi bod yn yr Iwerddon gan feddwl bygwth ei gefnder y byddai yn datgelu ei gyfrinachau i'r llywodraeth bresennol yn Ffrainc. Ond yr oedd y deryn wedi hedfan o'i afael. Cofiodd am Roy y cynllwyniwr. Daeth yn ôl heibio i Abergwaun, a chael gwybod gan Roy fod Tegwen a Yann wedi gwahanu. Dyma oedd ei gyfle. Gwenodd yn anllad ar Tegwen.

"Rwyt ti wedi bod yn wraig mewn enw i fi ers tro. Mae'n bryd nawr i ti fod yn wraig iawn i fi."

Cymerodd gam yn nes.

"Arhoswch lle'r ydych chi."

Gwelodd Jaques fod ganddi gyllell finiog yn ei llaw. Ac fel pob broliwr, cachgi ydoedd yn y bôn.

"Ewch o'r tŷ nawr. Ac os byth y dewch chi nôl yma, mi hysbysaf yr awdurdodau eich bod wedi llofruddio fy mab."

"Damwain! Damwain oedd hynny'r ast!"

"Llofruddiaeth oedd e i fi. Ac mi dystiaf i hynny."

Aeth allan. Nid oedd yn ddigon o ddyn i hyd yn oed gau iet y clôs ar ei ôl.

Oriau hir y nos yn y gwely oedd yn sugno nerth Tegwen. Nid oedd Yann fyth ymhell o'i meddwl. Ceisiai chwilio am bob hanes ynglŷn â Ffrainc a Llydaw. Er bod y rhyfel ar ben, roedd hi'n amlwg nad oedd pethau'n gwella; ni fedrai'r Ffrancwyr gyd-weld hyd yn oed i sefydlu llywodraeth sefydlog. Yr oedd y wlad mor rhanedig ag erioed, a gwleidyddwyr y Drydedd Weriniaeth a ildiodd mor llwfr i'r Almaenwyr, bellach yn dod allan o'u ffeuau i fynnu cymryd rhan eto. Pawb yng ngyddfau ei gilydd. Yr oedd dial yn erbyn troseddwyr honedig yn mynd ymlaen heb fawr o gyfiawnder na thrugaredd. Roedd dawnsio mewn parti Celtaidd, neu ddilyn gwersi yn yr iaith Lydaweg, yn ddigon i'w cyhuddo o droseddu yn erbyn y llywodraeth.

Crëwyd llys arbennig 'Haute Cour de Justice' yn 1944 â'r

hawl i bennu unrhyw gosb a fynnai, yn cynnwys dedfryd o farwolaeth. Nid oedd darpariaeth ar gyfer apêl, ac ni fyddai hawl ailgodi achos gan un a ddedfrydwyd 'in absentia'. Yn Awst 1945, dedfrydwyd Pétain i farwolaeth, er i'r weithred gael ei gohirio, ond dienyddwyd Laval ar y nawfed o Hydref yr un flwyddyn. Yn Rennes, dedfrydwyd dros gant 'in absentia'. Hyd yn oed cyn y 'Libération' yn 1944, dienyddiwyd dros bum mil am bob trosedd honedig. Roedd pawb ar yr esgus lleiaf yn 'Collaborateurs'. Ac yr oedd newyddiadurwyr yn cael eu cosbi yn llymach na neb.

Roedd Tegwen yn gobeithio y llwyddai Yann i gael gafael ar Herman Otto i dystio drosto, gan fod de Gaulle a oedd yn bennaeth y llywodraeth ar y pryd yn credu yn y gosb eithaf i'r 'Collaborateurs', ond nid mor llawdrwm ar y Cenedlaetholwyr oedd yn wir gredu mewn hunanlywodraeth. O! mi fyddai'n nefoedd pe bai Yann yn cael clirio ei enw. Teimlodd ei gwaed yn oeri yng nghynhesrwydd y gwely. Beth petai Yann yn cwrdd â merch arall? – roedd yr Americanesau yn gwybod sut i ddenu dynion. Trwy niwl ei dagrau gwelodd Tegwen y wawr yn torri.

Fel y llusgai'r amser ymlaen, gwelodd Tegwen lawer toriad gwawr niwlog. Nid oedd yn edifar iddi wahanu, serch hynny. Yr oedd yn fodlon dioddef i'r eithaf er achub bywyd Yann. Ac oni bai iddi gymryd y cam, mi fyddai ei fywyd wedi bod mewn perygl. Yr oedd ymweliad maleisus Jaques Goulet wedi profi hynny.

PENNOD 20

Yr oedd haul Mehefin yn cusanu caeau Bryn Awelon. Aeth
Tegwen a'i mam i'r cae Dan Tŷ i ryfeddu at Heulwen, merch
Seren, oedd wedi tyfu yn anner tair blwydd oed ac yn werth ei
gweld. Yr oedd Rachel Rhys wrth ei bodd yn canfod ei merch
yn cymryd diddordeb yn y fferm yn ddiweddar. Bu mor ddiflas
yn ystod y misoedd, yn wir, blynyddoedd diwethaf. Gobeithiai
ei bod yn dechrau anghofio. Yr oedd wedi byw y rhan helaeth
o'i bywyd o un gyfrinach i'r llall. Yr oedd ei gweld â'i braich
am wddf Heulwen yn bictiwr.

Torrwyd ar y distawrwydd hapus gan lais o fwlch y cae.

"Helo 'na."

Trodd y fam a'r ferch. Yna, gan weiddi "André!" wrth ei
mam, rhedodd Tegwen am y bwlch. Pwyllodd ychydig cyn
cyrraedd y Llydäwr ... nid cario newyddion da fyddai André
bob amser. Yann. Oedd rhywbeth wedi digwydd i Yann?
Roedd ofn yng nghalon Rachel Rhys hefyd wrth iddi ddod
yn bwyllog ar draws y cae. Croesawodd André a Tegwen
ei gilydd yn wresog. Edrychodd Tegwen i'w lygaid. Na, nid
newyddion drwg, roedd hi'n siwr. Collodd Rachel beth o'i
hofn hefyd wrth weld y ddau yn gwenu'n hapus.

Roedd André o'r diwedd wedi cael hanes Herman Otto. Torrodd Tegwen yn wyllt ar ei draws.

"Ydy e'n fodlon tystio i glirio enw Yann?"

"Ydy. Gobeithio, Tegwen, cyn diwedd y flwyddyn y bydd Yann yn mynd yn rhydd."

Roedd Tegwen yn ysu i holi ynghylch Yann, ond yn ofni'r atebion. Synhwyrodd André ei phenbleth.

"Yann ofynnodd i fi fynd yn unswydd â'r newydd i chi, Tegwen."

Gwenodd Rachel Rhys. Roedd y 'mynd' a'r 'dod' yn dal i faglu'r Llydäwr.

"Hoffai Yann gysylltu eto, os yw hyn yn dderbyniol gyda chi, Tegwen."

"O, André."

Roedd angerdd yn y dyhead yn ddigon o ateb.

"A! Gore. Gore. Dyna beth ddaw ag e i wella."

"Gwella?"

Daeth cwestiwn Tegwen yn siarp.

"Ydy Yann yn sâl, André?"

"Na, na. Dim o bwysi. Ychydig cur pen. Nawr bydd yn diflannu."

Bodlonodd Tegwen ar esboniad André. Aeth y siarad ymlaen ac ymlaen, a Tegwen yn tynnu enw Yann i mewn i bob brawddeg. Roedd mor hapus. Ni fyddai niwl rhyngddi a'r wawr byth eto.

Canodd cloch y ffôn yn gynnar un bore. Rhywun wedi taro ei fys ar rif anghywir, galw'r tarw potel fel arfer, meddyliodd Tegwen. Cododd y ffôn.

"Bryn Awelon..."

"O, rwyt ti wedi deffro, cariad."

Yn y wefr o glywed ei lais, bu bron i'r teclyn syrthio

o'i gafael.

"Yann. Ble wyt ti?"

"Yng ngwlad yr Ianc, cari bach. Ble arall?"

"Rwyt yn swnio mor agos."

"O, Teg. Pe baet yn fy mreichie. Gwranda, cariad. Rhaid inni gwrdd. Rwy'n mynd i'r Almaen drennydd i weld Herman Otto. Beth am gwrdd?"

"O, Yann. Dyw hi ddim yn ddiogel eto."

"Ddim i mi roi troed yn Llydaw na Chymru falle. Ond beth am Fryste? Fe allaf ddisgyn yno am un noson. Meddylia."

"Fedra i ddim dal y fath gyffro, cariad."

"Mi ffoniaf fory â'r manylion. Kenavo, fy nghalon deg."

Bu Bryn Awelon drwy'r dydd yn eco o draed yn dawnsio mewn gorfoledd.

Cyfarfu'r ddau yng Ngwesty'r Grand ym Mryste, fel dau yng ngwanwyn serch. Nid oedd pall ar y cusanu a'r cofleidio. Trodd Tegwen ym mreichiau Yann i ddweud mewn llais difrifol, "Yann, cofia ma hen gwpwl priod y'n ni − " cyn torri allan i chwerthin, ac ailgydio yn yr uno gwefreiddiol rhwng dau. Ym mreichiau ei gilydd yn y gwely y bu tynerwch y cofio am Forlais bach yn haws i'w drafod a'i dderbyn. Lliniarwyd creithiau'r gwahanu oedd wedi lladd ysbryd y ddau. Cofiodd Tegwen fod André wedi sôn am gur pen Yann. Holodd.

"Na, does dim eisiau poeni, Teg. Dim na all op fach ei wella."

Ymlusgodd ofn i lais Tegwen.

"Llawdriniaeth? Beth sy o'i le, Yann?"

"Y gnoc yn y carchar gynt, Teg fach. 'Gadel 'i marc rhag i fi ddihangyd.' A dial nawr am i fi lwyddo dianc, diolch i ti."

Teimlodd Tegwen ryw oerni annisgwyl yn lledu dros ei chorff − yr oedd erchyllterau'r rhyfel yn dal i'w dilyn.

"Pryd ma'r llawdriniaeth i fod, cariad?"

"Pan ddof i nôl o'r Almaen."

"Wyt ti'n siwr mai op fach yw hi?"

"Ma'r llawfeddyg yn foi am fetio ... mae e'n rhoi naw deg y cant i fi. Ond os doi di i gydio yn fy llaw, mi rof ei fet o gant y cant."

"Mi ddo'i draw, Yann. Dwyt ti ddim yn ddiogel i dy adel ynghanol crowd o nyrsys."

PENNOD 21

Cyfarfu Yann a Tegwen yng Ngwesty'r Pittsburgh cyn y llawdriniaeth. Deuddydd i'w cofio am byth gan Tegwen. Roedd yn ddechrau Hydref, a'r wlad heb eto gael ei dal gan erwinder y gaeaf. Siaradent am ddim ac am bopeth. Bod yng nghwmni ei gilydd oedd y nefoedd.

Yr oedd sgan ychwanegol wedi ei drefnu ar y Sadwrn, cyn i fin y gyllell ryddhau'r dorthen o'r ymennydd. Os oedd amheuaeth ym meddwl Yann, ni fynnai ddangos hynny ym mhresenoldeb Tegwen. Yr oedd edrych ar ei gwên yn unig yn rhoi nerth iddo.

Er i Tegwen gael ei rhybuddio y gallai'r llawdriniaeth gymryd cryn amser, mynnodd y byddai'n well ganddi fod yn yr ysbyty, wrth law, na disgwyl am y canlyniad ar ei phen ei hun mewn gwesty oeraidd. Gadawodd Yann hi mewn ystafell breifat yn yfed te, sy'n ddiod gysur i bob Cymro. Daeth y llawfeddyg, George Vincent, i'w gweld ar ôl y sgan. Synhwyrodd Tegwen, er waethaf ei hyder, fod yna fflach o ansicrwydd yn y llygaid deallus. Beiodd ei hun am or-ymateb yn ei hofnau.

Bu disgwyl am y canlyniad yn hunllefus. Teimlai Tegwen

fel rhedeg i mewn i'r theatr a chydio yn llaw Yann. Gwibiodd yr holl helbulon y buont drwyddynt o flaen ei llygaid. Ysgydwodd ei phen. Ond torrodd gwawr wedi hirnos, Yann a hithau yn rhydd, a chladdu'r holl gyfrinachau oedd wedi bod yn gymaint o boen i'w mam nes iddi gael trawiad ar y galon. Gwyddai am y gofid o golli ei hŵyr bach. Efallai y doi'r cyfle nawr iddi gael bod yn fam-gu eto yn y dyfodol. Daliodd yn dynn yn yr hen ddywediad 'Dyw'r fellten byth yn taro eilwaith yn yr un lle'.

Daeth y nyrs â chwpanaid arall o de iddi, a chydymdeimlad yn ei hanner gwên. Dyna ferched twymgalon oedd y nyrsys – mor weithgar ond mor dyner wrth bawb.

Aeth y nyrs allan, gan ddweud fod y llawfeddyg ar ei ffordd i'w gweld.

Drachtiodd Tegwen lond ceg o de. Dyna oedd syrpreis, meddyliodd – te mam-gu, blas y te ar y tafod, nid rhyw lasdwr fel y te Americanaidd yn y gwesty. Yfodd yn helaeth a theimlodd ryw hyder cyffuriol.

Daeth George Vincent i mewn, yn edrych yn ddigon blinedig yn ei got wen. Estynnodd ei law i Tegwen gan edrych yn ei hwyneb, a syllodd hithau i fyw ei lygaid. Crymodd yn ôl yn dynn yn ei chadair. Roedd ei eiriau yn wastraff, roedd y canlyniad yn glir yn ei edrychiad. Aeth y llawfeddyg ymlaen i esbonio fod y dorthen mewn lle mwy anodd nag oedd hyd yn oed y sgan yn ei ddangos. Pe bai Yann wedi llwyddo i ddal y driniaeth, y tebygrwydd fyddai y byddai'r ymennydd wedi ei niweidio i'r fath raddau na fyddai bywyd yn werth ei fyw.

Eisteddodd Tegwen yn fud. Doedd yr esboniad yn golygu fawr ddim iddi. Yr unig beth oedd yn aflonyddu ei meddwl ... 'dydi'r hen ddywediad ddim yn wir. Mae'r fellten wedi taro ddwywaith.'

Daeth André draw ar gyfer yr angladd. Credai fod Tegwen yn falch ei fod yno, er nad oedd ganddi fawr i ddweud wrth unrhyw un. Gwyddai André ddyfnder ei theimladau, ac aeth ati i drefnu popeth yn ei lle.

Un cais yn unig a wnaeth Tegwen. A fyddai André yn trefnu i fynd â'r llwch yn ôl i Lydaw, oblegid yr oedd am i Yann gael ei gartref olaf yno. Cytunodd André. Gwyddai mai dyna fyddai dymuniad Yann ei hun. Gwnaeth yn siwr fod y dogfennau swyddogol ar gyfer y tollau ganddynt, yn gywir, er mwyn hwyluso'r daith greulon.

Bu'r angladd yn amlosgfa Evansville, a thrannoeth yr oedd Tegwen ac André ym Maes Glanio Pittsburgh ar eu taith adref i Lundain.

Safai Tegwen yng nghwt y ciw oedd yn disgwyl yn ddiamynedd i Gât 7 agor, er mwyn cael mynd drwodd i'r awyren. Crymai Tegwen ar wahân, fel un o gymeriadau Lowry ar ymyl ei gynfas. Synhwyrai fod llygaid André arni, ond nid oedd yn teimlo fel mân siarad. Sylwodd ar y ddau fag llaw yr oedd yn eu gwarchod. Yr oedd y gasged yn un ohonynt. Gwylltiodd. A fyddai'n well iddi hi gario'r blwch? Roedd ganddi le. Beth petai dynion y tollau yn busnesan ati a'i agor? Yr oedd bechgyn y cyffuriau yn defnyddio pob math o guddfannau anhygoel i dwyllo. Ac mi fyddai hi yn llwyddo i fynd drwy'r tollau bob amser heb gael ei holi gan y swyddogion.

Daliodd ei llygad bennawd yn y papur oedd gan y dyn a safai o'i blaen. '*A shadow on the soul of France.*' Teimlodd ei hun yn cynhyrfu. Gwyddai hi yn fwy na neb am y cysgod ar enaid y llywodraeth yna. Rhaid oedd iddi gael y *Pittsburgh Times* i ddarllen yr erthygl. Roedd hi wedi sylwi ar y stondin bapurau ar dop y coridor. Ymwthiodd drwy'r dyrfa. Clywodd André yn gweiddi arni:

"Tegwen, be' sy'? Ma'r Gât ar agor nawr. Rhaid dod ar fwrdd yr awyren ar unwaith."

Daliodd Tegwen i redeg. Roedd yn rhaid iddi ddarllen am y 'cysgod ar yr enaid'. Pa enaid? Pa enaid? Llosgai'r geiriau yn ei hymennydd. O Dduw, gobeithio fod ganddi arian parod. Turiodd i'w bag llaw. Estynnodd ddoler i law'r ferch groenddu. Roedd honno'n ceisio dweud rhywbeth ond yr oedd ei cheg yn llawn gwm cnoi. Dweud debyg nad oedd ganddi newid, pa ots. Cydiodd Tegwen yn y *Times* anferth gan redeg yn ei hôl. Yr oedd André yn rhedeg tuag ati.

"Tegwen, ma'r awyren ar gychwyn."

"Rwy'n olreit nawr, André."

Clywodd eu henwau ar y tannoi. Daliodd i redeg gan weiddi ar y person wrth y Gât am ffonio eu bod ar eu ffordd. Crafodd y stiwardiaid y ddau i mewn.

Eisteddodd Tegwen gydag André i gael ei gwynt. Ni adawodd André y bag llaw oedd yn cario'r llwch o'i law. Cadwodd yn dynn wrth ei ochr. Syllodd ar y papur oedd Tegwen wedi mynnu ei gael. Pam? Nid oedd yn gwneud sens. Yna trodd Tegwen y papur ar gyfer ei ddarllen. Gwelodd André y pennawd '*A shadow on the soul of France*'. Rhoddodd ei law yn dyner dros law Tegwen. Trodd hithau ei llygaid llaith arno.

"Cysgod ... ar ei henaid, André? Pa enaid? Efallai rhyw ddydd y gallaf faddau. O leiaf mae Yann wedi gorchfygu llywodraeth Ffrainc. Yfory bydd yn ôl ar dir Llydaw – yn rhydd. Kenavo, fy nghariad."

CORLANNAU BYWYD

LA MÔME PIAF

'Elle est née comme un moineau,
Elle a vécu comme un moineau,
Elle mourra come un moineau.'

Botymais fy enw yng nghot fawr y byd
a diferion duon y defaid.

  La Môme Piaf;
      Aderyn y to;
          Llwyd bach y Baw!

Mon Dieu! Brysia!
Dal y tincer cyn ei gipio yn grair;
ira ei law i ddoctora asen yr ymbarel gwyrdd;
anlwc yw boddi yng nghapeleiddiwch y glaw.

La Môme Piaf!

Heriaf holl ddagrau y duwiol i olchi
fy marc oddi ar lechen y bywyd.

Diffydd tân yr haul fel cariad rhemp.
Ac onid coch dy ruddiau yw gwrid y machlud
sy'n gwingo ar y darnau gwydr
yn y domen gerrig?
                'Yr oedd cant namyn un...
                        Ond aeth un ar goll...'
                                Ai ti oedd y cyntaf i daflu'r garreg?

        Crwydro...
                o balmant i balmant...
                        o seler uffern i seler uffern.
Disgynnai llen fel morthwyl ar fys
 a llusgwyd y naw-deg-naw o'r ffenestri
gan famau hunangyfiawn. Ac nid oedd
                ond nodau gwyn y piano
                                yn hongian ar gwmwl.
'Heb Fugail ...
                heb gysgod.'

Symud
                o sgiw seiciatrydd
                                i sgiw seiciatrydd,
o baradwys cyffur
                i anghofrwydd y gwyll.
Yn saib y fellten brysiai'r wawr
â'i brws enfawr
i wyngalchi'r drain, a chlai'r addewid

i lyfu dwylo'r crochennydd.
Ac yn newyn y strae
                    disgyn y manna
                                        i big Llwyd bach y Baw.

'C'est nous les mômes, les mômes de la cloche...
C'est nous les paumées...'
                    Angylion y gwter!

Fair Fendigedig!
Ai moleciwliau o burgalch
yw llwch y llawr?

A bysedd bawlyd botymais
                    got fawr y byd am fy enaid.

La Môme Piaf!
Magdalen yn chwennych ei chorlannau.

                *   *   *   *   *   *   *   *   *

Yn fy more bach cyn codi
cyrcydais yn ddiogel yn y gorlan
cyn i gybydd y Dwyrain
                    gau llygad ei ddydd,
a'r afr fwyta drwy flancedi'r cysgod.
A chyn i'm acrobat didaro o dad luchio seren
o we ei drapis i lanio
ar gopa twr Eiffel gan oleuo llwybr fy esgor
ar draws tywod Algeria,
                    yr aur

yn sarnu o gam i gam
                drwy sandalau bywyd.

Mab afradlon,
yn ceinioga o gaffi i gaffi;
ei hego yn tiwnio ar hyd llinyn bogail
i gronni'n athrylith ynof.

Brau oedd y plisgyn yn Ninas y Cyffro.
Gwthiodd sleidra'r geni i'm herlid
fel potsier ar drywydd minc,
gan fy ngadael yn ysglyfaeth crychgoch
ar stepyn drws siop â'i ffenestr
yn ddu o nos y galar am gwsmer.
Daeth yr helgwn i lyfu wyneb â'u tafodau sgandal;
llaw mewn maneg yn sleifio o'r tu arall heibio,
a'r frest yn drom o arwydd y Groes.

Carcus yw'r betws!

Mae minc gwyllt yn ddof ar gefnau y cefnog
yn y Champs-Elysées.

Ond yn rue de Belleville fy ngeni?
                La. La. Cher ami!
Fforest ddu o wythiennau cnotiog ar goesau,
a chlogyn y gyfraith i dagu sgrech
y newydd anedig.

Ond casglodd yr eco fel eira am belen y byd.

164

Tlodi am nad oedd y Bugail wrth law
i'm cario i'w gorlan.
Ciliodd fy nhad i grombil y nos
gan briddo'i glustiau
rhag rhewynt y Rhyfel Mawr.

Ac yn y gwanwyn
trodd mam ei chefn-gwcw
i chwilio am nyth arall.

Treuliais flynyddoedd fy chwarae
yn rhedeg i gwato
rhwng barfau'r ysgall a bysedd cloc dant y llew.
Sefyllian ym mhentrefi dwy nain yn gocyn hitio
i wanc eu breichiau a'r gynnen rhyngddynt
yn gwmwl tragwyddol rhyngof a glas y gors.

Ac ni sawrais Friallu Mair ond ar bapur wal
yng nghlybiau Cwmnioedd y Cythraul.

Ond deuthum i'm corlannau.

* * * * * * * * * *

Dianc
a chlymu fy ngwanwyn
wrth garafan grwydrol fy nhad o syrcas
i syrcas;
y baw yn wên ar wyneb,
pob drych yn ddall yn saith mlynedd fy anlwc.

Yn fam fach fy ffedog a chnoten mewn gwallt,
teflais fy chwerthin o shandelier
i shandelier ac i fyny at do y Top Mawr,
o dan y fflapiau
a thrwy liwiau'r ffanfferau i'r nefoedd.

A'r gân yn grawc yn henoed fy ngofalon.

Plentyn di-ffrwyn yn cicio'r blawd llif
yn gwmwl gwg,
a breichiau fy uffern yn estyn fel octopws
i wasgu corn-gwddf fy nyfodol.

Tyfais yn ras bywyd
i hyd bonclust y mamau a newidient
fel lleuadau anghyfrifol.

Ond sgleiniais gwpan pen-seld fy nhad
â sidan fy nghariad,
ei 'Ba-ba' Ddafad Ddu o oglais dan droed
yn agor y drws i blas y Tylwyth Teg tu mewn
i gorlan Caroli, lle'r oedd rhifo,
a rhifo, a rhifo drachefn
am yr Un
yn awr y lluwchfeydd.

Yfed o gwrw sgarlad y cotiau perfformio,
y llinynnau aur yn feddw uwch mwng y llewod,
neb wrth law i ffrwyno'r poer a hysia
at gannwyll y llygaid,
ac ni welais rychiau y gofid yn wyneb yfory.

Llysgais fy mys drwy ddyfnder rhigolau y galon.
A theimlais â llygaid y dall.

Dduw da!
  Y gweddïau tegan;
craciog fel gwddf y goliwog o law i law,
mor ddi-symud â lori heb berfedd
o siop lladron Sgwar Maubert.

Cydio yn dynn ym mysedd dringo ffydd.
A chropian.
        Ond roedd y cryddion ar streic
a thraed y dall heb sgidiau.

Cesair yn patro ar gnawd tyner y gwanwyn!

Un nos cynhebrwng y lleuad,
â'r bwci-bo ar browl,
cofiodd y ddraenen am y gwlith o waed a phlygodd
yn ffon yn llaw y Santes Thérèse
i'm harwain i gorlan Liseux.
Ac at Allor y Goleuni...
            'Ein Tad yr hwn wyt...'

Ar y degfed dydd o benlinio ifanc
estynnodd Duw ei oleuni gwyrthiol.

A dawnsiodd y canhwyllau cnawd.

        'Elle a un coeur qui a multiplié...'

Dyblu. A dyblu. A dyblu y galon!

Nom de Dieu!

Yn lladrad y cnawd nid oes bysedd i'w cyfrif.
Ac mae'r newyn wedi bwyta'r pilynnau.
Gwisgaf fedal wyrth Thérèse yn grog
am noethni y Bywyd...
                    'Yng nghysgod y gorlan...'

Crwydro, o fam i fam,
o glais i glais,
o stryd i stryd,
o syllu i syllu
a'r trwyn yn blet yn rhew y filltir gwydr,
neb â'i gamera i droi cefn at yr haul i gipio
nefoedd y pictwr
cyn i'r gawod aur ddihidlo o bais sidan
y ddol maldod gan adael i'r cwilt blinlliw
sychu dagrau nos y chwantu.

Fendigaid Fair!
Pwy biau'r yfory?

Onid oes haul hafau o dderbyn dol breuddwyd o law tad
(cybyddlyd ei gusan)
a fargeiniodd ei dafell feunyddiol i'w phrynu?

'Yng nghysgod y gorlan...
            mae digon o le...'

La Môme Piaf!
Bitw eger ar gornel stryd yn y Forges-les-Eaux.
Nodau anaeddfed yn tasgu i chwarae cwatio drwy dyllau'r
siwmper,
ac o dan y sgert hongian ail-law.

Cwmwl trueni yn arllwyso hatlingau a chau pennau
pocedi di-waelod y mamau ysbeidiol.

Feis yw dwylo llanw-bwlch am wddf yr ifanc,
ac o flagur i flagur,
clywir cwteri'r Pigalle
yn pedlera eu rhyddid.

Merde!
    Pan fo'r egin cân yn y galon
a charpiau yn ocsiynna corff,
onid yw cwrcathod y golchon gwin
o nefoedd eu teils yn gorws parod eu pleser?

'Elle est née come un moineau,
Elle a vécu comme un moineau...'

Oes tynnu blewyn cwta ymhlith cariadon cathod?

Pwy gaiff wledda'r nos hon ar 'Llwyd bach y Baw'?

Traed yr unig yn crinsial rhew ar Lôn Di-Serch.
Nos y stryd yn tagu'r gân yng ngharchar y galon.
Closio at wên;

at getyn o air;
at dyniad anadl wrth fynd heibio.
Ac at gorff
ar hap siawns
yng nghorlan Tir Neb.

Fair Fwyn!
Y dyrneidiau cerrig yn nwylo'r ffodusion.
A yw Duw
o fainc y Pethau Byw
yn gwysio sgerbwd o'r oerfel
i ddiffodd tân nwyd?

Rhwng drain a danadl y naw mis beichiog,
tyfodd cariad mam, ac o anlwc y nos
daeth Marcelle i fodelu fy nghnawd.
Gydag offer min-balchder, trwsiais y ffens.
Caeais hi yng nghorlan y galon.

Ac ni bu crwydro am y ddwy flynedd o'i benthyg.

Ond beth a ŵyr y blaidd Angau am ing gwahanu?
Am ddwylo bach cyrliog yn llacio oddi am wddf?
Am fwrlwm bloesgni yn cilio... cilio...
           I'r gwyll...
              Am byth.

Mon Dieu! Brysia.
Rhwyga lenni'r nos o lygaid y bugail.
Onid yw'r praidd yn y gorlan ar gyfer y farchnad
a'r redi-recner wedi brolio ei bris am gant?

Ond... 'aeth un ar goll...'

Crwydro
i anialwch cyrchfannau y di-leuad,
a gwên y gwin fel bochau clown.

Ffangiau gafaelus yn pentyrru llawnder y gwydrau,
a thân yr yfed fel matsien drwy redyn Hydref,
heb na ffin na therfyn.

A oes ystyr i fywyd?

Cap didoreth yn drwm ar drwyn y bugail gorweddog,
a'r cynrhon tew yn hamddena
ar esgyrn fy ngobeithion.

Ai breuddwyd oedd llais yr eos?
Ai hunllef yw crawc y frân?

Yng nghell y condemniedig
mae plet yn asgwrn-cefn y sgiw,
a'r amdo'n gwawl gwyn dros fraich y seiciatrydd.

Sacré Coeur! Yr holi!
Rhofio'n is na saith troedfedd ar stad Arglwydd Absoliwt.
Gwacter yr atebion megis arch wedi colli ei chwsmer
yn y stryd unffordd.

Tresbasu
    i balmantau eurog y Farchnad Gyrff,
gan lyfu briwsion o bocedi'r cwsmeriaid.

Y weddi hwyr yn amddifad o ddillad Capel,
a Festri'r adnodau...

    'Dduw Da...
gad i lwydrew'r enaid ddeifio'u pleserau;
dyro awch ar gyllell i flingo croen aur y goludog.
Di-ddyfna ef o demtasiwn cynnig y newynog,
a danfon Samaritan i estyn ei damaid
cyn i'r sialc gofnodi'r addewid.

Ond yn storm y stumog wag
erys y glust yn fyddar,
a Bywyd yn goma uwch pentan y dirgelwch.

Mynd...
a mynd...
lwybr fy mhen,
ac i gorlan Anghofrwydd
yn seler La Nouvelle Éve
(gynt o dan enw Gomorra).

O gwmwl y riffers
disgyn y nefoedd i lolian
rhwng casgiau'r Bourgogne a Rosé.
Llenwir y nos â pherffiwm lafantau'r ymylon;
lliwiau'r meddwl yn gwau patrymau awgrymol,
a nadredd o gnawd yn dawnsio
yn mwg y cysur talu-'to.

I ffald eu siomedigaethau daw gwehilion athrylith
i garu ar ras

fel pe na bai yfory.
Yn y byw cyffuriol
mud oedd caneuon y galon;
eu llefain yn ddiflas fel babanod y gwlybanwch.

Ond mae'r Bugail yn dal i chwilio
am yr 'un namyn cant'.
Danfonodd ei was bach Leplée i l'Etoile.
Yno, ar gornel y rue Troyen
clywyd bargeinio a tharo llaw.

Cyn esgyn y gân o'r gwter.

'Elle est née comme un moineau,
Elle a vécu comme un moineau,
Elle mourra...
        Marw yn Llwyd bach y Baw!

Corlannwyd y strae
yng Nghlwb Gerny, yn y rue Pierre-Charren.

La Môme Piaf.

Nodau'r gwanwyn yn hollti'r nefoedd
o eiddilwch enaid cwterferch.
Y coesau di-sanau yn dalgwympo wrth gario'r esgyrn;
un llawes y siwmper yn dal yn freuddwyd ar y gweill,
a golchiadau'r sgert ail-law yn hongian yn llipa
o flaen cydwybodau y cefnog.

Yno,
ym mlwydd y Darganfod,
estynnodd dwylo Cocteau a Chevalier
i achub bywyd.
'Yng nghysgod y gorlan...
mae digon o le...'

La Môme Piaf.

Cywilyddodd y llwch wrth ganfod y llofnod
yn danbaid ar fronnau'r sêr.
Brasgamodd y bugeiliaid i bentyrru eu tlysau;
chwarddodd y ffranciau ar eu ffordd i'r banc,
a chlywyd doleri yn gweddïo am gael cwympo
i boced athrylith.

  Aeth y byd yn ferem

  A chaewyd cwteri'r Pigalle.

Paentiodd Toulouse-Lautrec y Moulin Rouge
gyda'i aden-angel.

Yng nghoridorau y Mawrion sgarmeswyd
am recordiau yr 'un fu ar goll', a gwelwyd
'La Môme Piaf' ar wefus pob cwsg.

Agorwyd clwyd corlannau y byd led y pen.

Un Hydref y Blodau Oren
chwistrellwyd cân i galon hen.

Camodd Theo Serapo dros y ffens i gorlan Piaf.
Unwyd dau enaid yn gytûn a blagurodd
cariad drwy bridd blynyddoedd diffrwyth.

Dedwyddwch wedi storom.

Hyd oni alwodd Hydref ben blwyddyn
a chwymp y dail.

Heno,
yn fy nos o gwsg ar obenydd Tragwyddoldeb,
rwy'n ddiogel yn y gorlan.
Cauodd cybydd y Dwyrain lygaid ei ddydd,
ac mae'r afr yn orweddog 'rôl bwyta
drwy flancedi'r cysgod.

O'r ddaear, mae rhythm y recordiau
yn goglais moleciwliau y llwch.

'Elle mourra comme un moineau...'

Botymaf fy amwisg yn dynn â diemwntau y cof.

'Non, je ne regrette rien...'

   Llwyd bach y Baw
      Aderyn y to
        LA MÔME PIAF.

Clasuron Menywod Cymru

Golygyddion y gyfres:

Cathryn Charnell-White
Wini Davies
Rosanne Reeves

Mae'r gyfres hon, a gyhoeddir gan Wasg Honno,
yn ail-gyflwyno testunau llenyddol anghofiedig
gan fenywod Cymru o'r gorffennol.

Mae pob un o'r teitlau a gyhoeddwyd yn cynnwys
rhagymadrodd sy'n gosod y gwaith yn ei gyd-destun hanesyddol
ac yn awgrymu dulliau o ystyried a deall y gwaith o safbwynt
profiadau menywod heddiw. Bwriad y golygyddion yw dethol
gweithiau sydd nid yn unig o werth llenyddol ond sydd hefyd
yn parhau'n ddarllenadwy ac apelgar i gynulleidfa gyfoes.

Mae'r portreadau amrywiol o hunaniaeth y Gymraes a
amlygir yn llyfrau'r awduron hyn yn dystiolaeth o'r prosesau
cymhleth sydd wedi llunio meddylfryd menywod Cymru
heddiw. Bydd darllen y portreadau hyn o'r gorffennol yn
ein helpu i ddeall ein sefyllfaoedd ni ein hunain yn well, yn
ogystal â darparu, mewn nifer o wahanol *genres* – nofelau,
storïau byrion, barddoniaeth, hunangofiannau a darnau
rhyddieithol – stôr o ddeunydd darllen rhyfeddol a rhagorol.

*'Diolch i Honno am ddod â llyfrau awduron
benywaidd diflanedig fel hyn i olau dydd eto.'*
Llinos Dafis

(Adolygiad oddi ar www.gwales.com. trwy ganiatâd Cyngor Llyfrau Cymru.)

Mae'r Galon wrth y Llyw
Kate Bosse-Griffiths

Gyda rhagymadrodd gan Heini Gruffudd

CLASURON HONNO

Telyn Egryn gan Elen Egryn

Gyda rhagymadrodd beirniadol gan Ceridwen Lloyd-Morgan a Kathryn Hughes

CLASURON HONNO

Cerddi Jane Ellis

Golygwyd gan Rhiannon Ifans

CLASURON HONNO

Pererinion & Storïau Hen Ferch
Gan Jane Ann Jones

Rhagymadroddion gan Nan Griffiths a Cathryn A. Charnell-White

CLASURON HONNO

Nansi Lovell:
Hunangofiant Hen Sipsi
Elena Puw Morgan
yn ysgrifennu dan yr enw Elena Puw Davies

Rhagymadroddwyd gan Mererid Puw Davies ac Angharad Puw Davies

CLASURON HONNO

Dringo'r Andes
& Gwymon y Môr gan Eluned Morgan

gyda sylwyau a dyddorolymadroddion gan Ceridwen Lloyd-Morgan a Kathryn Hughes

CLASURON HONNO

CLASURON HONNO

SIONED

WINNIE PARRY

Llon a Lleddf a Storïau Eraill
gan Sara Maria Saunders (S.M.S.)

Golygwyd gan Rosanne Reeves

CLASURON HONNO

Plant y Gorthrwm
gan Gwyneth Vaughan

Gyda rhagymadrodd gan Rosanne Reeves

CLASURON HONNO

Teitlau eraill yng nghyfres Clasuron Cymraeg Honno

Kate Bosse-Griffiths, *Mae'r Galon wrth y Llyw* (1957), golygwyd gan Rosanne Reeves gyda rhagymadrodd gan Heini Gruffudd

Elen Egryn, *Telyn Egryn* (1850), golygwyd gyda rhagymadrodd gan Kathryn Hughes a Ceridwen Lloyd-Morgan

Jane Ellis, *Cerddi Jane Ellis* (1840), golygwyd gyda rhagymadrodd gan Rhiannon Ifans

Jane Ann Jones, *Pererinion a Storïau Hen Ferch* (1937, 1948), golygwyd gan Cathryn A. Charnell-White gyda rhagymadroddion gan Nan Griffiths a Cathryn A. Charnell-White

Elena Puw Morgan, *Nansi Lovell: Hunangofiant Hen Sipsi* (1933), golygwyd gan Rosanne Reeves gyda rhagymadrodd gan Mererid Puw Davies ac Angharad Puw Davies

Eluned Morgan, *Dringo'r Andes a Gwymon y Môr* (1904, 1909), golygwyd gyda rhagymadrodd gan Ceridwen Lloyd-Morgan a Kathryn Hughes

Winnie Parry, *Sioned* (1906), golygwyd gan Ceridwen Lloyd-Morgan a Kathryn Hughes gyda rhagymadrodd gan Margaret Lloyd Jones

Sara Maria Saunders, *Llon a Lleddf a Storïau Eraill* (1897, 1907, 1908), golygwyd gyda rhagymadrodd gan Rosanne Reeves

Gwyneth Vaughan, *Plant y Gorthrwm* (1908), golygwyd gyda rhagymadrodd gan Rosanne Reeves

Cyhoeddwyd gyda chymorth ariannol Cyngor Llyfrau Cymru

Mae Honno hefyd yn cyhoeddi'r gyfres
Welsh Women's Classics, yn Saesneg.

Gwybodaeth am HONNO

Sefydlwyd Honno y Wasg i Fenywod Cymru yn 1986 gan
grŵp o fenywod oedd yn teimlo'n gryf bod ar fenywod
Cymru angen cyfleoedd ehangach i weld eu gwaith mewn
print ac i ymgyfrannu yn y broses gyhoeddi. Ein nod yw
datblygu talentau ysgrifennu menywod yng Nghymru, rhoi
cyfleoedd newydd a chyffrous iddyn nhw weld eu gwaith
yn cael ei gyhoeddi ac yn aml roi'r cyfle cyntaf iddyn nhw
dorri drwodd fel awduron. Mae Honno wedi ei gofrestru fel
cwmni cydweithredol. Mae unrhyw elw a wna Honno'n cael
ei fuddsoddi yn y rhaglen gyhoeddi. Mae menywod o bob
cwr o Gymru ac o gwmpas y byd wedi mynegi eu cefnogaeth
i Honno. Mae gan bob cefnogydd bleidlais yn y Cyfarfod
Cyffredinol Blynyddol.

Am ragor o wybodaeth ac i brynu ein cyhoeddiadau, os
gwelwch yn dda ysgrifennwch at Honno neu ymwelwch â'n
gwefan: www.honno.co.uk.

Honno
D41, Adeilad Hugh Owen
Prifysgol Aberystwyth
Aberystwyth
Ceredigion
SY23 3DY